LES GUIDES CREATIFS

D. Bulgarelli - M. Forchino

comment peindre et décorer

LA CERAMIQUE ET LA PORCELAINE

ÉDITIONS DE VECCHI S.A.
52, rue Montmartre
75002 PARIS

Malgré l'attention portée à la rédaction de cet ouvrage, l'auteur ou son éditeur ne peuvent assumer une quelconque responsabilité du fait des informations proposées (formules, recettes, techniques).
Il est conseillé, selon les problèmes spécifiques – et souvent uniques – de chaque lecteur, de prendre l'avis de personnes qualifiées pour obtenir les renseignements les plus complets, les plus précis et les plus actuels possible.

Pour Attilio Forchino
et Anna Truffelli

Traduction de Frédéric Delacourt

Photos de couverture et de l'intérieur de M. Forchino

Dessins de D. Bulgarelli

Imprimé en Italie

Introduction

Il est assez courant de voir en exposition dans les vitrines des magasins de décoration des couleurs, des essences et des pinceaux destinés à la décoration sur céramique ou porcelaine. Les passionnés de cet art sont en effet de plus en plus nombreux ; et encore plus nombreux sont ceux qui voudraient s'initier à ce type de peinture, mais qui n'ont pas le temps de suivre des cours spécialisés. La peinture sur porcelaine ou céramique donne de grandes satisfactions. Le produit final fera un bel effet à la maison, dans un but décoratif ou d'usage quotidien. Les matériaux nécessaires sont peu coûteux et une table offre un espace suffisant pour travailler. C'est un art accessible à tous et les résultats sont immédiatement visibles si l'on connaît les bonnes techniques.

C'est pourquoi nous avons décidé d'initier les profanes à ces techniques et de permettre aux amateurs de perfectionner leurs connaissances à l'aide d'un texte qui leur dévoile tous les secrets de la décoration.

Dans les librairies spécialisées, on ne trouvait pas, jusqu'à présent, de livre de peinture sur céramique agrémenté d'illustrations pour aider le débutant dans l'apprentissage de la technique.

Dans notre ouvrage, grâce aux belles photos de M. Forchino, chaque procédé est illustré et expliqué par des séquences d'images, ce qui rend plus facile l'acquisition des techniques présentées.

C'est un ouvrage pratique qui offre au lecteur la connaissance des différents procédés et des instruments jusqu'à la réalisation du produit artistique fini, en illustrant les styles du passé et les styles actuels, les techniques orientales et celles des inventeurs de « l'or blanc ».

Il offre également de nombreux modèles que l'on peut imiter ou desquels on peut s'inspirer, et dans lesquels sont employés tous les procédés abordés.

J'ai grandi parmi les pinceaux, les couleurs et les poudres. Mes grands-parents étaient en effet professeurs de beaux-arts, peintres et fresquistes. J'ai été sensibilisée à l'art dès mon enfance et j'ai commencé à apprendre la technique de la décoration sur porcelaine à l'âge de onze ans.

Sous la direction remarquable du professeur A. Truffelli j'ai appris les précieux secrets des techniques classiques, et au cours de mes nombreux voyages en Asie j'ai approfondi ma connaissance des styles orientaux.

Depuis seize ans j'enseigne la décoration sur les objets en céramique, et à travers ce texte j'aimerais transmettre un peu de mon amour pour cet art magnifique.

D. Bulgarelli

Qu'est-ce que la porcelaine ?

De la céramique...

Lorsque l'homme du Néolithique commença à pratiquer l'agriculture, il élargit la gamme d'aliments végétaux dont il se nourrissait. Certains de ces aliments n'étaient pas comestibles tout crus, et on ne pouvait pas non plus les faire rôtir comme les animaux.
La cuisson des céréales devait être faite dans des récipients, qui existaient déjà et étaient utilisés pour la récolte des baies et des racines. Les récipients utilisés par nos lointaines aïeules (car c'étaient les femmes qui s'occupaient de la récolte et qui fabriquaient les récipients) étaient au début en osier ou en d'autres matériaux inflammables. Pour faire cuire la nourriture, les

Récipient en terre cuite provenant du Bengale occidental (Inde). La fabrication des objets de ce type est encore très similaire à celle de la période néolithique

femmes furent amenées à protéger les récipients en les revêtant d'un mélange terreux.
Dans les régions où l'on disposait d'argile, c'est en faisant cuire les aliments que l'on découvrit le principe de production de l'argile.
L'évolution et la production des récipients en terre cuite furent également stimulées par la nécessité de stocker et de transporter les semences destinées à l'alimentation et aux semailles.
Des fragments très anciens de vases en céramiques, remontant à 7000 avant notre ère, ont été retrouvés près de Jéricho, en Palestine.
De multiples et merveilleux vases en forme d'oiseaux (VIe millénaire av. J.-C.) ont été découverts dans différentes régions d'Europe (Roumanie, ex-Yougoslavie, Sicile).
Selon M. Gimbutas, dans un ouvrage publié en 1990, les formes et les décors (graffiti ou engobe) sont l'expression symbolique d'un culte très ancien fondé sur l'image d'une déesse créatrice. Des cercles, des spirales, des lignes triples, des cornes, des taureaux, des béliers, des serpents, des poissons, des oiseaux symbolisent les différents aspects de la déesse.
Par « céramique », on entend tous les mélanges à base d'eau et d'argile.
Terre cuite, poterie, grès, faïence, porcelaine, majolique, « bone china », sont tous des produits céramiques qui se distinguent par le mélange ou, dans le cas de la faïence, par le type de vernis qui recouvre le biscuit. Dans ce texte, les termes « céramique » et « faïence » sont appliqués à la poterie et à la majolique, deux matériaux présentant une surface claire (blanc ou ivoire), assez poreuse et épaisse, qui tend à absorber la couleur et qui cuit à des températures inférieures à celles de la porcelaine.

... à la porcelaine

Les Chinois connaissaient le kaolin depuis des temps très anciens (dynastie Han, 206 av. J.-C. - 220 ap. J.-C.), mais jusqu'au IXe siècle ils n'avaient pas encore découvert le deuxième élément essentiel pour la fabrication de la porcelaine : le feldspath. La combinaison de ces deux matériaux, que les Chinois définissent comme la chair et le squelette de la porcelaine, fut découverte et utilisée, sous la dynastie T'ang, vers 850 ap. J.-C., pour la création des premiers objets en porcelaine.
Les premières mentions, enthousiastes, de ce matériau blanc, dur et brillant, furent faites en Europe, au XIIIe siècle, à la suite des voyages de Marco Polo. Dans *Le Livre des merveilles du monde*, le voyageur vénitien, à propos de la ville de Tingui, décrit les objets en porcelaine comme « les plus beaux que l'on puisse imaginer ». Quelques objets réalisés avec ce rarissime mélange étaient arrivés en Europe avec des voyageurs arabes ou persans. Mais ce n'est qu'au XVe siècle que les missionnaires jésuites apportèrent en Europe quelques exemplaires chinois décorés en blanc et en bleu.
Le mystère qui entourait la composition de la porcelaine ainsi que sa rareté favorisèrent, en Europe, la naissance de différentes croyances sur ses vertus magiques. On croyait qu'elle préservait de certaines maladies et qu'elle révélait les poisons, se cassant à leur contact. En effet, contrairement à la pâte poreuse de la céramique, la pâte compacte de la porcelaine empêche le développement des bactéries ; de plus, elle s'altère facilement au contact avec des substances alcalines caustiques. Bref, la porcelaine était considérée comme très précieuse, et elle était très convoitée.

Ce vase est l'un des premiers exemplaires de porcelaine dure européenne. Il a été réalisé par la manufacture de Meissen (Saxe) dans la troisième décennie du XVIIIe siècle. Le monogramme « AR », c'est-à-dire « Augustus Rex », en guise de marque, distingue les porcelaines produites par l'usine dans la toute première période, signées avec les initiales de l'électeur de Saxe et roi de Pologne, Augustus I dit le Fort. Le style pictural à « chinoiseries », les couleurs, la teinte jaune du fond indiquent que la décoration de l'objet est l'œuvre de G. Grégoire Höroldt, successeur de J.F. Böttger à la direction de la manufacture et célèbre peintre. Au début de sa charge (1720), il composa une palette rouge de fer, vert, violet, et il peignit des scènes à la chinoise, en étalant les teintes par taches et en utilisant des fonds jaunes sur les vases destinés au roi

C'est au XVIIe siècle, à l'initiative de la Compagnie des Indes, que commencent l'importation et le commerce de la porcelaine.

Le succès fut énorme, si bien que les manufactures européennes ne se limitèrent plus à imiter mais voulurent découvrir la formule de la fabrication de la porcelaine.

Initialement, l'utilisation des porcelaines importées n'était que l'apanage des cours. En effet, en raison de ses caractéristiques, de sa rareté et de son coût excessif, la porcelaine était le symbole du prestige, du luxe et de l'exclusivité. Plus tard, grâce aussi au développement de la production européenne et de la fabrication en série, les objets en porcelaine firent également leur apparition dans les maisons des bourgeois, par esprit d'imitation, mais aussi du fait de la nouvelle mode de déguster en compagnie les boissons récemment découvertes : le thé, le café et le chocolat.

Surtout représentant un groupe de chanteurs (Meissen, Saxe, première moitié du XIXe siècle)

Au début du XVIIIe siècle, la recherche du secret de la composition de l'« or blanc » prit l'allure d'une histoire d'espionnage : trahisons, meurtres, poursuites et coups de théâtre. Jusqu'au coup de théâtre final où l'alchimiste allemand Johann Friedrich Böttger, qui avait la réputation de savoir fabriquer l'or, réussit, le 15 janvier 1708, à créer le premier exemplaire européen de porcelaine pour Auguste-le-Fort, électeur de Saxe.

La formule de la porcelaine demeura le secret exclusif de la manufacture de Meis-

Plaques ornementales au célèbre fond turquoise, réalisées par la manufacture de Vincennes-Sèvres, montées sur des cadres en bois (début du XIXe siècle)

sen, en Saxe, et de Böttger en particulier, jusqu'en 1719, lorsqu'elle fut revendue clandestinement à la manufacture de Vienne par deux déserteurs.
Lorsqu'ensuite on arracha à l'arcaniste viennois Johann J. Ringler, en état d'ivresse, son précieux carnet contenant les arcanes, la production de la porcelaine connut son grand moment. Au cours de quelques années surgirent de nombreuses manufactures. Pour n'en citer que les plus prestigieuses : Vienne en 1717, Vezzi en 1720, Chantilly en 1725, Doccia en 1735, Vincennes en 1738 (transférée à Sèvres en 1756), Capodimonte en 1743, Bow en 1744, Chelsea en 1745, Hochst en 1746, Berlin en 1749, Worcester et Fürstenberg en 1751, Nove, près de Bassano del Grappa, en 1752, Nymphenburg en 1753, Frankenthal en 1755, Ludwigsburg en 1758. La plupart de ces « fabriques de porcelaines » étaient rattachées aux centres de pouvoir, c'est-à-dire les cours, et leur production était sous le contrôle des princes qui en supervisaient également le commerce et la vente. Posséder ou protéger une manufacture fabriquant le matériau que l'on annonçait comme la grande mode du siècle, plus convoité que les gemmes et l'or, contribuait à accroître le prestige de la famille royale ou d'une dynastie de nobles.
Les objets en porcelaine reflétaient, tant dans la décoration que dans la forme, le goût et les modes de l'époque.
Des chinoiseries de la première

Cafetière Frankenthal (1755-1800)

période, on passa au rococo et aux influences néo-classiques, et on s'inspira aussi des peintures pompéiennes et des grotesques raphaélesques. Dans les premières décennies du XIXe siècle la plupart des manufactures avaient fermé, ruinées par la Révolution française ou par les conquêtes napoléoniennes. Celles qui survécurent continuèrent à reproduire les formes et les décorations du siècle précédent, en mélangeant souvent les styles dans des

Plateau, Paris

créations extrêmement élaborées et redondantes.

Au début du XXe siècle la production de porcelaines suivit les tendances de l'Art nouveau, s'inspirant de motifs sinueux et vifs, provenant également des paysages des peintures japonaises.

En Italie, la marque Richard-Ginori maintient encore de nos jours un esprit de recherche, en créant des objets modernes d'inspiration classique (Gio Ponti a collaboré avec cette marque depuis les années vingt).

La marque vénitienne Este Ceramiche produit des formes accordées aux tendances actuelles. Ainsi, des trompe-l'œil de toutes sortes enrichissent nos tables : assiettes marmoréennes, faux fruits et légumes, surtouts d'oignons et de coquillages pour le plaisir des yeux.

La marque Tendentse d'Alessi propose des porcelaines d'usage quotidien au design innovateur et audacieux, et encourage une recherche futuriste de formes et de décorations.

Mais c'est en France, et notamment à Sèvres, que l'on travaille le plus pour créer de nouvelles tendances. Non seulement des artistes de renommée internationale collaborent avec ce centre, mais on a créé des nombreux laboratoires de recherche, ouverts à tous les artistes qui veulent expérimenter de nouvelles techniques et échanger leurs connaissances sur les techniques acquises.

La plupart des industries de céramique européennes s'inspirent encore de nos jours des formes et des motifs ornementaux créés par les artistes du XVIIIe siècle. Il est, par ailleurs, très important de connaître les techniques anciennes de décoration, pour ensuite les appliquer à des motifs nouveaux, expression de la créativité de chacun.

Vases Jacob Petit réalisés dans la première moitié du XIXe siècle

Les couleurs à « troisième feu »

Les couleurs que vous utiliserez sont appelés couleurs « sur émail », « à troisième feu » ou « à moufle », car elles sont appliquées sur l'objet déjà verni et précédemment soumis à deux cuissons : la première, par séchage, jusqu'à 900 °C, la deuxième, après l'application de l'émail, jusqu'à 1 400-1 500 °C, la troisième, après la décoration, jusqu'à 800-900 °C dans les moufles. L'utilisation de ces couleurs est très répandue, car leur emploi à basse température permet d'utiliser un nombre infini de tonalités. L'or, l'argent et le platine, par exemple, ne peuvent supporter que des températures de cuisson très basses, et ces couleurs sont appliquées pendant la dernière phase de la décoration.
Autrefois, la formule des couleurs était gardée secrète et jalousement cachée par les peintres qui l'avaient découverte. Les secrets des compositions voyageaient d'une manufacture à l'autre avec le peintre. Aujourd'hui, en

COULEURS	COMPOSANTS		FONDANT	
BLEU INDIGO	carbonate de cobalt carbonate de zinc fondant	13 % 26 % 61 %	sable quartzeux minium borax fondu	22 % 66 % 12 %
ROUGE	oxyde de fer fondant	25 % 75 %	sable quartzeux minium borax fondu	15 % 60 % 25 %
JAUNE CLAIR	antimoniate de potassium carbonate de zinc fondant	14 % 26 % 60 %	sable quartzeux minium borax fondu	15 % 60 % 25 %
NOIR	carbonate de cobalt oxyde de fer précipité fondant	10 % 5 % 85 %	sable minium borax fondu	15 % 60 % 25 %

revanche, les usines produisent tout ce qu'il nous faut.
Les couleurs traditionnellement utilisées pour la peinture sur porcelaine se présentent sous forme de poudre. Elles sont composées d'oxydes de métal et du fondant qui les fixe, lors de la troisième cuisson, au corps de l'objet. Le fondant est essentiellement composé de sable blanc, de minium et de borax. La combinaison de ces éléments varie pour chaque oxyde et détermine la tonalité des différentes couleurs, la possibilité de mélanger les couleurs entre elles et leur luminosité après la cuisson. Il existe aujourd'hui, dans le commerce, une grande variété de couleurs de marques différentes. Elles présentent toutes, plus ou moins, les mêmes caractéristiques de composition, mais elles peuvent varier dans les gradations, les nuances et la texture du grain. Il est conseillé, au début, d'utiliser des couleurs de la même marque et de se servir d'une palette limitée de colorations. Vous obtiendrez de meilleurs résultats en choisissant les tonalités claires et foncées des couleurs de base.
Rappelez-vous que les couleurs changent considérablement après la cuisson. Apprenez à utiliser et à connaître les réactions de certaines couleurs. Lorsque vous aurez acquis l'assurance et l'expérience nécessaires, vous pourrez vous amuser à faire des mélanges et à vous procurer toutes les tonalités qui vous tentent. Pour bien connaître vos couleurs et savoir choisir les nuances adaptées à la décoration, il vous sera utile de vous créer une palette. Vous pouvez la réaliser en observant les changements, après cuisson, d'une série d'échantillons de couleurs nuancées sur une assiette ou sur un carreau. Une autre palette, créée en superposant des couleurs différentes, également étalées en couches de différentes épaisseurs,

Palette et test de cuisson des couleurs superposées et nuancées

vous permettra d'acquérir des connaissances précieuses sur la compatibilité des colorations. Vous éviterez ainsi les mauvaises surprises et, surtout, vous élargirez votre expérience.

Les essences et les diluants

Les couleurs en poudre peuvent être délayées avec des résines ou des liquides huileux. Nous allons aborder les diluants utilisés traditionnellement dans la décoration classique, en évaluant leur emploi et leur destination.

• **Essence de térébenthine.** Résine semi-liquide obtenue par distillation de certains conifères ; elle sert à rendre la couleur fluide et à assurer sa bonne densité pendant les différentes phases du travail au pinceau. Elle est aussi indispensable pour le nettoyage des pinceaux naturels.

• **Essence grasse.** C'est de l'huile de térébenthine, distillée en y ajoutant de l'oxygène ; elle sert à mélanger les couleurs en poudre.

Toutes les résines huileuses naturelles utiles pour le mélange et la dilution des couleurs en poudre. Conservées dans des flacons de différentes dimensions, elles sont vendues dans les fabriques de couleurs, dans les magasins de beaux-arts et dans les laboratoires spécialisés

• **Essence d'œillet.** C'est une huile naturelle, particulièrement chère. Ajoutée à la térébenthine, elle ralentit le séchage de la couleur. Elle est également utilisée pour le trait à la plume.

• **Essence de lavande.** C'est une huile naturelle qui, par rapport à la térébenthine, assure une fluidité plus durable de la couleur. Elle est particulièrement indiquée pour l'exécution des fonds colorés homogènes.

• **Essences de romarin et d'anis.** Elles possèdent les mêmes propriétés que la lavande, mais n'ont pas la qualité de l'essence d'œillet.

• **Alcool.** Il sert à nettoyer et à dégraisser les pièces à décorer, sur lesquelles on dessinera plus facilement au crayon, ainsi qu'à nettoyer la palette et la nappe cirée sur la table de travail.

• **Diluant pour l'or.** Utilisé en de petites quantités, il rend l'or plus fluide. Il sert également à nettoyer les pinceaux utilisés pour les décorations avec l'or.

• **Laque.** Appliquée au pinceau sur une surface, elle forme une pellicule protectrice qui, comme un petit masque, empêche la couleur d'adhérer à la partie traitée (voir la technique du tamponnage). On peut la diluer avec de l'eau.

Les pinceaux

Le pinceau est l'instrument principal de la peinture sur porcelaine. C'est un instrument très personnel, individuel. Il doit être choisi avec soin, selon le type de décoration que l'on veut réaliser. Il faut l'utiliser et l'entretenir avec soin et amour.

Le choix

On trouve dans le commerce une quantité innombrable de pinceaux de différentes matières, formes, dimensions, qualités et prix. Pour peindre selon les techniques traditionnelles, aussi bien pour l'ébauche que pour les retouches, il suffit de quatre pinceaux ronds (de 0 à 3), à poil long et ayant une belle pointe. Pour les décorations en or deux pinceaux suffisent (un 00 et l'autre 0), de la même série que les précédents.

Pour étaler la couleur sur la surface de l'objet, avant le « tamponnage » (fond coloré), il faut un gros pinceau large et plat.
Pour l'ornementation des filets d'or et de couleur, on utilisera des pinceaux en sifflet à poil long de petit-gris.
Au début il en faut quatre : un petit et un moyen aussi bien pour l'or que pour la couleur.
Tous les pinceaux peuvent être en poil de bœuf, de petit-gris, de martre ou synthétiques. Les moins chers sont fixés à une plume d'oie qu'il faut monter sur un manche en bois. Les pinceaux de meilleure qualité, et aussi les plus chers, sont les pinceaux en martre.
Quel que soit le type de pinceau que vous choisissez, prenez-en un avec une pointe fine. Au moment de l'achat, vous pouvez faire un essai en le trempant dans l'eau et, simulant un coup de pinceau, vous pouvez en juger la compacité et la souplesse.

Pinceaux de toutes formes et dimensions, utiles pour réaliser les techniques les plus variées

Différents types de pinceaux. De haut en bas : en poil de martre, plat ; chinois ; en poil de martre, à pied de cerf ; synthétique ; en poil de martre, rond, à poil long ; en poil de petit-gris, en sifflet, de différentes dimensions

L'entretien

Puisque le pinceau est un instrument précieux et coûteux, il est très important de l'utiliser avec soin. Voici donc quelques conseils.

L'entretien du pinceau est très important pour obtenir de bons résultats : s'il est mal entretenu, son poil et sa forme s'abîmeront (voir pinceau de gauche), ne permettant plus de réaliser des nuancés au coup de pinceau

• Pour la décoration traditionnelle, la pointe du pinceau est extrêmement importante. Pour la conserver en excellent état il faut, à chaque fois que vous trempez le pinceau dans la térébenthine et que vous en éliminez l'excès, presser le pinceau selon un mouvement circulaire.

• Ne mélangez pas la couleur avec le pinceau, mais avec une spatule.

• Ne le laissez pas dans un pot avec la pointe vers le bas : il risque de se déformer.

• Le travail terminé, nettoyez-le toujours avec de la térébenthine, car dans le cas contraire la couleur, en séchant, l'affaiblirait, lui faisant perdre les poils.

• Ne nettoyez pas les pinceaux avec de l'alcool : les poils sécheraient trop, au détriment de leur souplesse naturelle.

• Si le pinceau devient fourchu, remodelez sa pointe, immergez-le dans l'essence grasse et laissez-le reposer pendant quelques jours.

• Lorsque vous trempez le pinceau dans la térébenthine et que vous en ôtez l'excès avec un chiffon, ne le pressez pas en éventail, mais procédez avec délicatesse et faites-le tourner.

• N'utilisez pas le même pinceau pour l'or, la couleur et la laque. Pour chaque pinceau il faut un diluant différent. Un pinceau que l'on trempe tout à tour dans la térébenthine, dans le diluant pour l'or et dans l'eau s'abîme, perdant son poil et sa forme.

• Lors des déplacements, fixez les pinceaux de sorte que la pointe ne s'écrase pas ni ne se déforme.

• Lorsque vous n'utilisez pas les pinceaux pendant une longue période, gardez-le dans un lieu fermé, imbibés d'huile ou d'essence grasse. Il garderont ainsi leur forme et leur souplesse.

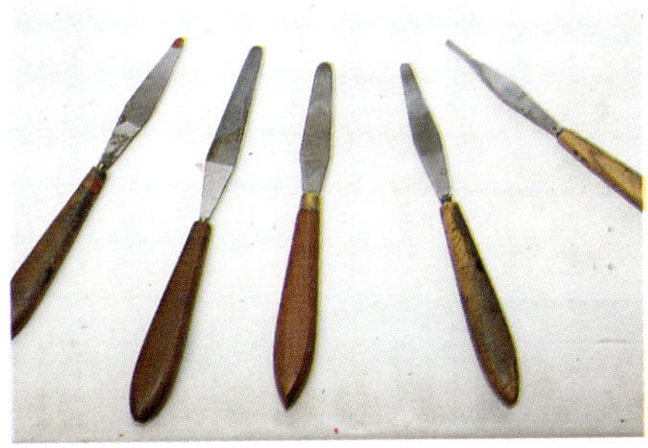

Les spatules les plus indiquées pour mélanger les couleurs en poudre sont droites et flexibles, avec une lame en acier et un manche en bois. Ni trop dures, ni trop souples, elles doivent être proportionnées à la main qui s'en sert

Les palettes, spatules, grattoirs et plumes

• La couleur en poudre doit être mélangée aux essences sur des **palettes** qui peuvent être des carreaux en céramique blanche émaillée ou des plaques de verre mat.
Les premières fois, le débutant ne réussira à mélanger que deux ou trois couleurs sur une palette de 25 cm x 15 cm plus tard, on pourra en mettre dix ou plus.
Pour que la couleur se garde longtemps, on peut aussi utiliser des palettes à godets : en porcelaine ou en plastique, elles peuvent contenir une vingtaine de couleurs environ, précédemment mélangées, dans un espace limité.

• Les **spatules** servent à mélanger la couleur. Il est utile d'en posséder deux ou trois, pour ne pas passer son temps à nettoyer une seule spatule, lorsqu'il

Différents types de palettes : une plate, une palette à godets, une palette de verre légèrement mate, un carreau. De gauche à droite : divers grattoirs et plumes en acier

faut mélanger ou diluer plusieurs couleurs en même temps.

• Le **grattoir** est une lame courte en acier, pointue et affilée des deux côtés. Utilisé pour enlever la couleur sèche, précédemment étalée, il sert à corriger les erreurs et à donner des touches de lumière.

• Pour les petites retouches sur la couleur encore fraîche, on utilise le dos du pinceau, après lui avoir émoussé la pointe, ou un grattoir spécial en bois avec aux extrémités deux pointes en caoutchouc.

• Les **plumes** sont en acier. Vous en choisirez au trait fin, moyen et épais. Après utilisation, n'oubliez pas de les nettoyer soigneusement avec la térébenthine.

Les crayons, papiers, éponges, pinces et chiffons

• Le **crayon** pour dessiner sur la porcelaine ou la céramique doit être assez souple et gras (dans le commerce, on trouve des plumes adaptées à ce but). Ne tirez pas de traits trop marqués, pour ne pas risquer de foncer les couleurs au moment de la peinture au pinceau. N'oubliez pas que le coup de crayon disparaît au four.

• Le **papier calque** ou le **papier carbone** sont très importants pour copier les modèles et les transférer sur l'objet à décorer.

• L'**éponge synthétique** à grain fin, de différentes formes, sert à créer des fonds homogènes ; l'**éponge naturelle** est excellente pour les fonds (tamponnages) pointillés ou tachetées. Gardez-les dans un endroit fermé, loin de la poussière.

• Les **pinces** (même des pinces à sourcils) servent à retirer la laque.

• Les **chiffons** sont employés pour nettoyer les pinceaux, les spatules, la table de travail, et autres objets. Les meilleurs sont en fibre naturelle (coton ou lin) et, surtout, non pelucheux. En effet, la poussière ne disparaît pas lors de la cuisson, ce qui provoque des défauts.

Matériel pour les décorations en or : flacons d'or liquide et de diluant, gratte-bosse, gomme, pointe d'agate, pinceaux

Le matériel pour travailler l'or

Pour peindre avec l'or, il vous faudra, en plus des pinceaux et du diluant :
– une **palette de verre lisse** pour y verser l'or et, le cas échéant, le mélanger avec le diluant ;
– une **gratte-bosse**, brosse en laine de verre pour faire briller l'or après la cuisson ;
– une **gomme** spéciale pour effacer les bavures après la cuisson ;
– un **tour de potier** pour les filets.

Composé d'une plaque qui tourne autour d'un axe, il peut être de deux types : de table ou à pied. Le deuxième a une hauteur réglable et il est utile lorsqu'on doit filer des objets de dimensions différentes.

Le plan de travail

Une table ordinaire est suffisante pour se consacrer à la peinture sur porcelaine. C'est l'un des aspects qui rend cette activité accessible à tous. Choisissez un endroit lumineux de la maison. Autant que possible, évitez la cuisine car les couleurs sont toxiques et il faut les tenir à l'écart des aliments. Après avoir terminé le travail, aérez la pièce pour évacuer les vapeurs des essences. Il est déconseillé de peindre à la lumière directe du soleil, mais il est toutefois préférable de travailler de jour afin d'éviter le reflet de la lumière artificielle sur la surface en porcelaine. Pour prévenir les problèmes de vue, procurez-vous une lampe de table à bras réglable à laquelle vous appliquerez une ampoule de verre bleu de 100 watts qui reproduit l'effet de la lumière du jour. Recouvrez la table avec une nappe cirée blanche et épaisse. Celle-ci préservera la surface de la table, sera facile à nettoyer et, comme une énorme palette, elle pourra servir à vos essais de couleur. Vous placerez devant vous, outre l'objet à décorer, la palette de couleurs, les diluants, les pinceaux, les spatules et tout ce qui est nécessaire ; tenez à votre droite le chiffon pour nettoyer.
La position du corps est très importante : tenez-vous le dos droit. Dans ce but, vous pourrez utiliser des chaises tournantes et réglables. Ne contractez pas les bras et les épaules ; placez-vous à vingt centimètres au moins de l'objet que vous décorez pour ne pas vous fatiguer la vue. Vous vous apercevrez que la peinture est l'une des activités les plus relaxantes que vous ayez pu pratiquer.

Une simple table peut servir pour peindre sur céramique. De préférence dans un espace lumineux et facile à aérer

Les précautions et la sauvegarde de la santé

Presque toutes les couleurs utilisées pour peindre sur porcelaine et céramique contiennent dans leur fondant de l'oxyde de plomb et de silicium. De nombreuses couleurs sont à base d'oxyde d'antimoine (les jaunes) et d'oxyde de manganèse (les bruns) : elles sont toxiques aussi bien par inhalation que par contact. Il est donc important de prendre quelques précautions.

• Faites circuler de l'air dans la pièce où vous travaillez.

• Ne travaillez pas près des aliments, afin d'éviter toute contamination.

• Éloignez les enfants de la table de travail et tenez les couleurs hors de leur portée.

• Ne peignez pas l'intérieur des poteries destinées à contenir des aliments salés (sauces, salades, plats à base de citron ou de vinaigre). En effet, le plomb, au contact de substances acides réagit en libérant des éléments toxiques. Il est toujours préférable de ne peindre que la surface extérieure d'une tasse ou d'un bol, et de peindre seulement le bord d'un plateau. Dans le cas contraire, vous pourrez les transformer en objets décoratifs, les suspendant au mur ou les exposant sur un meuble.

Sur les étiquettes des couleurs est indiqué le degré de toxicité du contenu. À manier avec précaution

Si vous avez l'intention d'acheter un four pour amateur – et donc dépourvu de système permettant l'évacuation des vapeurs –, installez-le dans un endroit facile à ventiler. La cuisson des objets en céramique produit, en effet, des exhalaisons de plomb et d'autres substances nocives. Ce n'est qu'en laissant entièrement refroidir le four après la cuisson, que l'on évitera des dispersions dangereuses.

Les procédés de cuisson

Aussi bien pour la porcelaine que pour la céramique (appelée également faïence, du nom de la ville italienne où elle est traditionnellement produite), la décoration sur émail doit passer au four pour rester définitivement fixée sur l'objet.
Les températures de cuisson oscillent entre 650 et 860 °C, suivant la composition de la pâte de l'objet, du type de couleurs utilisées et des précédentes cuissons effectuées. Les températures pour sécher la décoration sur porcelaine sont plus élevées que pour la céramique (pour la première jusqu'à 860 °C, pour la deuxième entre 700 et 750 °C).
Mais, si vous devez cuire l'or sur un fond coloré précédemment cuit, vous ne dépasserez pas des températures allant de 650 à 700 °C. Si, en revanche, vous mettez dans le four des tonalités comme pourpre foncé sur blanc, vous devez atteindre 860 °C pour obtenir la brillance souhaitée.
Enfin, si la décoration demande une cuisson par phases successives, vous exécuterez la première à une température plus élevée et les autres à une chaleur moindre.
Exemple : première cuisson (ébauche) 800 °C, deuxième cuisson (retouches) de 700 à 750 °C, troisième cuisson (or sur fond coloré) 650 °C.

Le four

Il existe dans le commerce différents types de fours électriques pour la cuisson de la céramique. Ils varient par leurs dimensions, leurs matériaux de construction et leurs formes.
Certains présentent une ouverture frontale, d'autres sont chargés d'en haut. Choisissez de préférence un four muni d'un évent pour l'évacuation des vapeurs émises pendant la cuisson et placez-le dans un endroit sûr et facile à ventiler.
Les fours à moufle ont une chambre de cuisson réchauffée par une série de résistances enchâssées dans les parois et dans la porte. Dans le plafond à voûte, il y a une bouche de ventilation qui permet l'évacuation des vapeurs des essences.
On relève la température intérieure à l'aide d'un pyromètre thermoélectrique fixé sur un cadran près du four. Lorsqu'on atteint la température programmée, la cuisson s'arrête automatiquement.
Un système automatique de régulation de puissance, plus ou moins rapide, permet d'augmenter progressivement la température, ce qui est indispensable pour la cuisson de la faïence.
À l'intérieur du four, les objets sont

Un four d'amateur de fabrication française. La chambre interne est en matériau réfractaire, les résistances sont insérées dans les parois. Les objets sont disposés sur des trépieds, des plaques et de petits cylindres en argile réfractaire

posés sur des étagères en argile réfractaire. Il faut les disposer de manière à pouvoir exploiter entièrement la capacité du four. Les assiettes qui ne sont pas décorées au milieu, mais seulement sur le bord, doivent être empilées l'une sur l'autre. Dans le cas contraire, on peut les disposer sur des trépieds afin que la chaleur puisse circuler et fixer la décoration.
Acheter un four peut non seulement entraîner des dépenses importantes, mais aussi vous obliger à transformer la puissance de votre installation électrique. La consommation d'électricité est en effet élevée et les kilowatts généralement prévus pour l'usage domestique ne sont pas suffisants. Si vous ne voulez pas engager de telles dépenses, vous pouvez confier vos objets à des laboratoires, fabriques de couleurs et magasins spécialisés qui acceptent de faire cuire dans leurs fours des objets en céramique provenant de l'extérieur.

La cuisson

On commence la cuisson en augmentant progressivement la température. Celle-ci doit monter lentement jusqu'à 300 °C, afin d'éviter que les vapeurs produites par la combustion n'abîment la décoration. Lorsque la température dépasse les 300 °C, fermez la valve de tirage de la cheminée et, le cas échéant, le judas sur la porte du four.
Une fois atteinte la température maximale prévue (par exemple 800 °C pour la porcelaine), le four tend à se refroidir rapidement.
Certaines couleurs (pourpre, carmin, rose et violet) n'ont pas le temps de fondre. Il sera donc utile, en première cuisson, de maintenir la température maximale pendant 15-20 minutes.
La température à l'intérieur du four ne se distribue pas uniformément. Elle est plus élevée près des parois, là où sont placées les résistances ; vous y placerez alors les objets décorés en pourpre ou

en violet. En revanche, vous placerez au milieu les objets décorés avec des couleurs contenant un pourcentage plus élevé de fondant.
Laissez refroidir le four lentement. Lorsque le pyromètre indique 400 °C, ouvrez la valve de tirage. À 300 °C, vous pouvez entrebâiller la porte pour accélérer le processus de refroidissement. Ne retirez pas la poterie du four tant que la température n'aura pas atteint 100 °C : vos objets pourraient se craqueler à cause des courants d'air.
Des couleurs brillantes et vives indiquent une cuisson réussie.
Les températures des cuissons successives à la première (retouches, or sur tamponnage) seront inférieures à la température précédente. La céramique se distingue de la porcelaine par la composition, l'épaisseur, la couleur et les formes. Lorsque vous décorez un objet en céramique n'oubliez pas que ce matériau absorbe beaucoup la couleur du fait de sa porosité et qu'il doit être cuit à une température non supérieure à 720 °C.
Puisque le vernis de la céramique est fragile et fond facilement, les poteries ne doivent ni se toucher ni être en contact avec les parois. La température doit monter très lentement, et le refroidissement sera extrêmement graduel.
Ne faites pas cuire les objets en céramique et en porcelaine en même temps, dans le même four.
Exécutez les deux cuissons séparément, en respectant les différentes consignes de cuisson.

Le choix de l'objet

Dans les magasins spécialisés, dans les grands magasins ou sur le marché du quartier, vous trouverez des porcelaines et des céramiques de toutes formes, qui conviendront à vos goûts ou qui pourront inspirer votre créativité : simples ou baroques, Liberty ou rococo, grotesques, rustiques ou naïves. Toute la poterie disponible dans le commerce se divise en deux catégories, selon la qualité : premier et deuxième choix. Pour commencer, orientez-vous vers les objets de deuxième choix : ils présentent quelques imperfections, mais ils sont moins chers. Bien évidemment, vous écarterez les articles ébréchés, fissurés, fortement tachés, ou sur lesquels ils manque des morceaux d'émail. Vous choisirez ceux qui présentent quelques petites imperfections que vous pourrez dissimuler avec la décoration. Ce sera aussi plus facile de commencer à peindre sur des surfaces plates, peu élaborées, peu encombrantes et faciles à manier.
Au fur et à mesure que vous acquerrez de l'expérience, vous commencerez à travailler sur des porcelaines et des céramiques plus volumineuses, plus difficiles, et de qualité supérieure.

Le rapport objet-environnement

Lorsque vous choisissez l'objet à décorer, vous devez penser à l'endroit où vous souhaitez l'exposer : un objet d'inspiration baroque n'est certainement pas adapté à un ameublement high-tech, et un chalet de montagne n'est pas le meilleur endroit pour mettre en valeur une porcelaine délicate.

Dans un décor style XVIIIe siècle ont été exposées des porcelaines rehaussées de miniatures, à fonds colorés, grecques élaborées et décorations en or

Un sarment de glycine pour les carrelages d'une salle de bains

Dans un intérieur rustique, un vaisselier riche en fleurs peintes sur céramique

Il est important de bien observer le style et l'atmosphère de l'environnement, afin de choisir un objet qui soit en harmonie , en l'enrichissant, ou qui crée un contraste élégant et original.
Pour un ameublement classique et raffiné, choisissez une porcelaine de style ; dans un intérieur au design contemporain, insérez des porcelaines blanches, linéaires et ornées de ramifications stylisées d'inspiration japonaise. Pour un intérieur rustique, préférez une céramique aux tonalités chaudes et aux bords irréguliers.

Le choix du sujet de décoration et le rapport composition-objet

Il arrive rarement d'acheter un objet en ayant une idée précise de sa décoration. C'est en effet le « blanc » qui inspire sa décoration et non l'inverse. La porcelaine se distingue des autres produits en céramique par sa pureté, sa dureté et la brillance du matériau. Certains objets en porcelaine sont tellement fins qu'on peut voir la lumière à travers. La décoration doit savoir exalter la beauté de ce matériau. Les teintes des peintures sont délicates, le coup de pinceau est nuancé, l'effet est semblable à celui de l'aquarelle.
La décoration met en valeur la forme : sur un vase de fleurs ou une lampe on créera une peinture, par exemple un bouquet, qui se développe verticalement ; en revanche, la peinture sur un bol sera horizontale. Pour mettre en valeur une assiette, on fera un médaillon au centre ou un motif circulaire continu sur le bord. Une petite tasse peut être décorée entièrement ou ne comporter que des initiales sur la partie frontale (habituellement celle avec l'anse à droite). Un objet baroque peut être chargé de décorations ou rendu plus précieux avec de l'or.

Un bouquet délicat d'anémones confère de la légèreté à ce plateau en porcelaine

Dans l'objet en céramique, soulignez l'épaisseur et la teinte légèrement ivoire qui évoque la terre. Décorez-le de motifs naturalistes, oiseaux et fruits. Inspirez-vous de la nature et des traditions folkloriques. Utilisez des couleurs intenses et vives ou les teintes ocre des argiles qui composent la céramique. Le coup de pinceau doit être épais et enveloppant.

Les sources d'inspiration

L'environnement naturel est la première source d'inspiration. Pour la peinture naturaliste en particulier, il sera important d'observer une fleur, une feuille ou un fruit et, après les avoir étudiés sous des angles différents, vous essayerez de les dessiner de différents points de vue. En général, les fleurs peintes sur porcelaine sont ennoblies dans les formes et dans les teintes pour les rendre plus souples et gracieuses. Chacun ajoutera à ses natures mortes des touches particulières qui les rendront uniques et personnelles.

Les photos et les cartes postales peuvent aussi servir de motif d'inspiration. Plus généralement, rappelez-vous que chaque détail décoratif qui vous frappe est un point de départ. Livres, coupures de journaux, morceaux de vieilles tapisseries, reproductions artistiques, dessins, esquisses, tissus, publicités... : constituez-vous des archives par sujet dans lesquelles vous ajouterez les découvertes que vous accumulerez au fur et à

Une tulipe peinte à coups de pinceau larges et couvrants sur une assiette ornementale de majolique

mesure. Évitez toutefois toute imitation prosaïque de votre source d'inspiration. Utilisez-la, au contraire, comme modèle pour créer quelque chose de nouveau et d'original.
Pour les décorations de style, vous pouvez consulter les publications sur les porcelaines des musées, en vente auprès des librairies spécialisées. Toutefois, comme il s'agit de livres de collection très chers, je donnerai ici quelques conseils pour la décoration classique. Sachez néanmoins que l'expérience est votre meilleure conseillère. Lorsque vous aurez acquis la technique, vous réussirez à réaliser toutes sortes de décoration. Donc, au travail !

Les techniques de dessin et de reproduction

En général, pour dessiner correctement le motif ornemental sur votre objet, vous devrez le diviser en plusieurs sections. Quel que soit le sujet que vous avez choisi il est important qu'il s'insère harmonieusement dans le blanc et qu'il soit cadré ou droit. Par exemple, avant de dessiner une composition florale sur une assiette, tracez deux lignes perpendiculaires qui se croisent au milieu, insérées dans un cercle parallèle au périmètre de l'objet. Cela vous permettra de repérer facilement le centre et les limites extérieures qui encadreront votre bouquet.

Même si vous vous inspirez d'un modèle, essayez de le reproduire à **main levée**. Combien de fois j'ai entendu des personnes se plaindre de ne pas savoir dessiner ! Puis, après avoir surmonté ce préjugé et leur malaise face à la feuille blanche, elles ont obtenu d'excellents résultats.

Ayez confiance en vous et essayez !

Pour commencer, reproduisez un motif en traçant les contours sur l'assiette de façon linéaire (sans rendre les volumes ou les clairs-obscurs) ; rassurez-vous, ce n'est pas compliqué et avec le temps vous perfectionnerez vos capacités. Si, en revanche, vous voulez reproduire exactement un modèle, procurez-vous du **papier calque** (vous pouvez l'acheter dans une papeterie) et copiez le motif choisi avec le crayon. Tournez la feuille, posez-la sur le blanc à décorer et, avec un stylo qui n'écrit plus, tracez les contours du dessin que vous entrevoyez en transparence. N'oubliez pas, toutefois, que la décoration s'impri-

Il est nécessaire de diviser l'assiette en bandes pour bien centrer le motif de la décoration

1

2

3

Procédé pour recopier le dessin du modèle en céramique : on pose le papier transparent sur le modèle et on trace les contours au crayon (1 et 2) ; à l'aide de ciseaux on découpe les contours du papier calque et du papier transparent, en suivant la silhouette de la céramique sur laquelle ils doivent être posés (3) ; on prend soin de bien centrer le dessin sur l'objet (4) ; on retrace les contours du dessin avec un stylo qui n'écrit plus (5)

4

5

Le pochoir, son utilisation et les retouches finales du dessin

mera sur l'objet à l'envers et que le calque perdra rapidement sa précision.
Une méthode plus simple et rapide pour la reproduction consiste à utiliser le papier carbone (spécial pour céramique, à acheter dans les magasins de beaux-arts).
Calquez le dessin avec le papier calque, fixez-le à l'objet avec du ruban adhésif, faites glisser dessous le papier carbone et recopiez les contours avec une pointe fine sans trop presser. La trace disparaîtra à la cuisson.
Vous ne pouvez pas utiliser du papier carbone ordinaire, parce qu'il laisse une trace trop grasse et huileuse, que le coup de pinceau transpose dans la couleur.
Pour reproduire un motif ornemental aux contours nets sur plusieurs copies, on peut créer des **pochoirs** (voir *Le pochoir,* p. 84).
Prenez un petit carton assez épais, mais flexible, et dessinez dessus le motif.
Découpez les contours avec des ciseaux ou avec un cutter. Posez le cache sur l'objet et, en le tenant bien fermement, tracez le profil avec un crayon. En tamponnant directement la couleur sur le petit masque, vous utiliserez celui-ci comme un pochoir.

Le mélange des couleurs

Prenez la palette de verre légèrement dépoli et, après avoir enlevé la poussière avec de l'alcool ou de la térébenthine, déposez dessus, avec la pointe d'une spatule, un petit tas de couleur en poudre. Ajoutez ensuite quelques gouttes d'essence grasse et commencez à mélanger, jusqu'à obtenir une pâte opaque et compacte. Attention ! Si le mélange se révèle trop crémeux et brillant, cela signifie que vous avez mis trop d'essence grasse : une couleur trop grasse ne peut pas être étalée d'un coup de pinceau long et souple ; de plus, elle pourrait sauter pendant la cuisson. Pour y remédier, vous pouvez ajouter un peu de poudre et bien mélanger pour éviter les grumeaux. Si, en revanche la couleur se révèle trop maigre, elle risque de rester diaphane ou s'affaiblir avec la cuisson ; ajoutez alors un peu d'essence grasse. Après avoir équilibré le mélange, diluez-le en y ajoutant quelques gouttes de térébenthine : les quantités d'essence grasse et de térébenthine sont proportionnelles à la quantité de couleur dont vous avez besoin pour la décoration. Si la couleur est trop dense, il vous sera difficile de l'étaler avec le pinceau sur la surface à décorer. Si, au contraire, la couleur s'étend comme une tache d'huile, si elle déborde de la palette et fait des gouttes, c'est qu'elle est trop liquide. Toutefois, tout ajout de poudre est à éviter car cela altère l'équilibre de la composition. Attendez quelques minutes, afin de laisser s'évaporer un peu de diluant, et la couleur redeviendra parfaite. La juste proportion d'essence et de poudre permettra un coup de pinceau plus long et nuancé, souple et léger.

Les différences de mélanges

Les couleurs diluées avec la térébenthine tendent à sécher rapidement.
Il est donc très important d'en tester souvent la densité, de les allonger et de les mélanger à nouveau. L'humidité atmosphérique joue considérablement sur les mélanges. Ne les exposez pas à la lumière du soleil, ne les laissez pas près d'un radiateur ou sous une ampoule puissante : ils sécheraient trop vite. Si vous désirez une couleur qui se conserve souple le plus longtemps possible – ce qui est indispensable surtout pour les retouches – diluez-la avec trois quarts de térébenthine et un quart d'essence de lavande préalablement mélangés dans un récipient. L'essence de lavande a la propriété d'allonger considérablement la couleur, en évitant qu'elle sèche trop rapidement. Elle remplace la térébenthine dans la préparation des mélanges pour les fonds et

1

2

elle est idéale pour les tamponnés. En revanche, elle n'est pas indiquée toute seule pour la réalisation des compositions au pinceau, parce qu'elle rend la couleur trop liquide. La couleur demeure plus longtemps fluide avec l'essence d'œillet également. Toutefois, celle-ci étant trop coûteuse, il est conseillé de la remplacer par la lavande. Vous utiliserez quelques gouttes d'essence d'œillet pour diluer les couleurs que vous étalerez avec la plume. Il est évident que la plume fonctionne également si la couleur est diluée avec de la térébenthine.

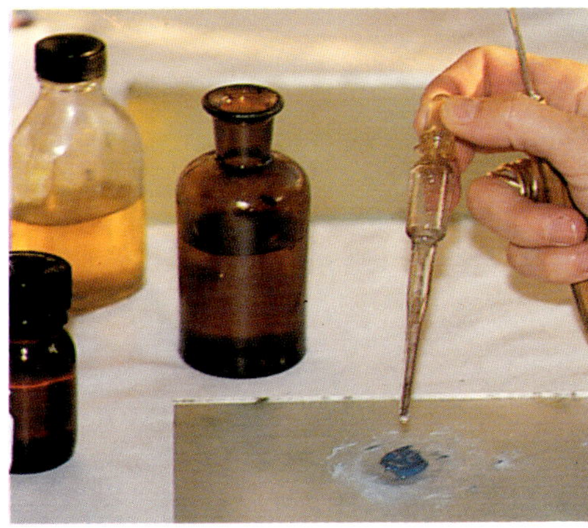

3

Préparation de la couleur. On ajoute un peu d'essence grasse à la couleur en poudre (1) et on malaxe le mélange avec des mouvements rotatoires, en tenant la spatule parallèle à la palette (2). On dilue avec quelques gouttes d'essence de térébenthine (3)

Les mélanges : possibilités et interdits

De nombreuses couleurs peuvent être mélangées entre elles sur la palette pour obtenir différentes tonalités. Rappelez-vous, néanmoins, que vous ne connaîtrez le résultat final qu'à la fin de la cuisson. Par exemple, le bleu mélangé avec le pourpre crée le violet. La couleur pourpre est l'une des couleurs les plus précieuses parce qu'elle contient de l'or et elle a une coloration rose brillant aux multiples nuances. Un peu de couleur pourpre ajoutée au vert chromé crée un beau vert foncé. Le bleu mélangé au jaune fait naître des gradations vert-bleu. Avec le jaune et le vert foncé on obtient de beaux verts clairs. En revanche, il est impossible d'obtenir des mélanges avec des tonalités chaudes comme le rouge de fer, le vert-jaune, le jaune-rouge, l'ocre et le marron. En effet, leur élément colorant est l'oxyde de fer qui, au contact avec le fondant des autres couleurs, donne des tonalités sales, ternes et brunâtres. Il est donc préférable d'utiliser ces couleurs individuellement.

Appliqués en épaisseur, l'orange et certains rouges se révèlent particulièrement gais et lumineux.

La technique à la plume

Apprendre à utiliser la plume est utile aussi bien pour délimiter précisément les contours du dessin, que pour créer des motifs Liberty à l'aspect verni. De plus, elle est utilisée souvent également pour les décors orientaux.

Pour permettre à la plume de glisser aisément sur la surface lisse de la porcelaine et de tracer une ligne continue, la couleur doit avoir une bonne densité. Un mélange trop liquide marquerait un trait trop large qui aurait tendance à baver ; un mélange trop dense ne permettrait pas d'obtenir un contour homogène.

Pour obtenir un bon amalgame, il faut ajouter à la poudre la proportion exacte d'essence grasse et quelques gouttes de mélange de térébenthine et d'essence d'œillet.

Rappelez-vous que les contours du dessin à la plume ont tendance à se dissoudre au contact de la couleur lorsqu'on la passe à l'intérieur des contours.

Vous avez deux moyens pour remédier à cet inconvénient :

a) laissez bien sécher le trait à la plume avant d'intervenir avec la coloration ; veillez à ne pas toucher avec le pinceau les bords dessinés à la plume ;

Une goutte d'essence d'œillet, ajoutée à la térébenthine, sert à garder la couleur fluide et à mieux faire glisser la plume en acier sur la surface de l'objet

b) après avoir tracé le dessin à la plume, placez la pièce au four. Cette solution est certes la plus sûre pour le débutant, mais aussi la plus coûteuse et la plus longue.

Quelques conseils

• Trempez la plume dans la couleur avec délicatesse, sans gratter contre la palette.

• Pour écrire avec facilité, tenez la plume perpendiculaire à la surface, faites-la glisser vers vous sans la presser.

• Pendant l'exécution, nettoyez souvent la plume, afin d'éviter la formation d'incrustations et de faire couler facilement la couleur. Le travail terminé, lavez la plume avec de la térébenthine.

Décoration en style Liberty

Les motifs ornementaux Liberty sont caractérisés par la sinuosité des courbes et par les contrastes de couleurs ternes. Comme pour les décorations orientales, le dessin est mis en valeur verticalement par une tonalité foncée ; notons, en effet, que l'Art nouveau s'inspire de la peinture japonaise. C'est pourquoi les décorations dans ce style peuvent être dessinées à la plume sur la céramique.

• Reproduisez le modèle sur l'objet que vous avez choisi. Avant d'en souligner les contours à la plume, vérifiez que le dessin soit en harmonie avec le blanc. Dans le cas contraire, modifiez-le.

• Préparez les couleurs suivant les teintes du modèle (n'oubliez pas d'ajouter au mélange une goutte d'essence d'œillet). Après avoir tracé les contours du

La plume en acier doit prendre la couleur avec délicatesse, sans gratter la palette

La plume écrit mieux si elle glisse de l'extérieur vers vous

dessin à la plume, mettez l'objet au four. Vous fixerez ainsi la trace sans risquer de la mélanger aux coups de pinceau de la coloration.

• Observez les feuilles. Vous avez préparé quatre types de vert : le même que le contour à la plume pour les touches les plus foncées, un autre d'une tonalité plus olive, un troisième plus froid pour le contraste, enfin un plus clair tendant au jaune. Le coup de pinceau est plat, peu nuancé. La nuance est en effet donnée par l'alternance des différents verts. Les feuilles claires sont toujours celles placées au-dessus des autres.

Dernières retouches au décor Liberty avec le grattoir

• Observez les fruits : la trace rouge à la plume contraste avec l'intérieur jaune clair et foncé, étalé avec le pinceau. N'oubliez pas l'effet de lumière obtenu avec le grattoir en bois. Les branches sont d'un brun-jaune étalé avec la pointe du pinceau. Les ombres du vase sont en brun foncé, ivoire et gris clair. Si la trace est passée préalablement au four, vous pouvez effacer les coups de pinceau à chaque fois que vous n'êtes pas satisfait, sans devoir refaire le dessin.

• Terminez le sujet principal, surtout s'il est situé à l'intérieur d'un récipient, avant de commencer à décorer le bord. Dans le cas illustré dans ces pages, j'ai créé, selon le goût actuel, un treillage qui reprend les tons verts des feuilles.

Le décor Liberty a été inséré dans un treillage vert, selon la tendance de l'époque

Le paysage en style Liberty, en haut, et, à droite, le motif dans lequel se détachent deux papillons colorés, tracés à la plume en acier

Deux assiettes ornementales en céramique. Après avoir tracé les contours à la plume, on achève la coloration de l'intérieur

Décoration en style oriental

Je vous suggère de personnaliser la technique orientale des fleurs stylisées, jamais superposées, aux couleurs contrastantes, aux contours dessinés dans des tonalités plus foncées.

• Tracez à la plume les contours du dessin (les feuilles en vert et les fleurs en brun foncé). N'omettez pas de tourner l'objet pour faire glisser la plume toujours vers vous. Si vous avez du mal à former la trace, allongez légèrement la couleur. Si, au contraire, la trace s'élargit et coule, attendez que la couleur sèche un peu.

• Après avoir mis l'objet au four, procédez à la coloration des feuilles et des fleurs. Il n'est pas obligatoire de suivre les teintes du modèle : vous pouvez les changer et en choisir d'autres qui s'adapteront mieux à l'endroit auquel vous voulez les intégrer.

Après avoir tracé le dessin, on repasse les contours avec la plume

Coloration des feuilles : le vert est étalé sans nuances. Quelques ombrages seront ajoutés en phase de retouche

Le décor est terminé : il est délimité par un filet bleu

La technique du pinceau

Pour commencer les exercices au pinceau, je vous conseille de prendre un objet facile à manier tels une assiette, un petit plateau ou un carreau. Installez-vous correctement et appuyez le petit doigt de la main qui tient le pinceau sur la pièce que vous décorez ou sur la table. Cet appui vous permettra d'avoir une main ferme et sûre.

• Sur le blanc, tracez avec le crayon des lignes à distance régulière, comme si vous deviez créer une page de cahier. Puis, préparez la couleur (poudre, essence grasse et térébenthine) et testez-en la fluidité.

• Prenez un pinceau n° 1, trempez-le dans la couleur (en le faisant tourner pour enlever l'excès) et posez la pointe sur la première ligne. Pressez-le doucement, puis faites-le glisser vers le haut avec délicatesse en ramenant le bras vers vous. Vous formerez ainsi un beau point d'exclamation ! Continuez cet exercice : remplissez plusieurs lignes jusqu'à ce que la forme et la distance des points d'exclamation deviennent régulière.

• À présent, vous devez apprendre à imprimer une courbe à votre point d'exclamation. D'un seul coup de pinceau dessinez des « petites pipes ». La couleur se concentrera davantage dans la partie extérieure de la courbe, créant une nuance de tonalité. Dessinez au pinceau plusieurs lignes de petites pipes tournées vers la droite et vers la gauche. Vous pensez peut-être que ces exercices sont ennuyeux, mais ils sont fondamentaux pour avoir un coup de pinceau précis, propre et nuancé.
Une fois la maîtrise du pinceau acquise, vous pouvez reproduire toutes sortes de sujets (fleurs, fruits, papillons, animaux, oiseaux, paysages, personnages). Une bonne maîtrise du pinceau et des couleurs vous permet de créer toutes sortes de variantes dans toutes sortes de sujets.

Quelques conseils

• Dirigez le coup de pinceau toujours vers vous, de l'extérieur vers l'intérieur. Par exemple, pour les fleurs, peignez de l'extérieur vers le centre et vers le calice.

• Apprenez à faire tourner l'objet que vous êtes en train de décorer de sorte que le coup de pinceau soit toujours dirigé vers vous. Évitez les fâcheux mouvements de torsion du buste et des mains.

• Nettoyez souvent le pinceau avec la térébenthine : votre peinture sera ainsi propre et nuancée.

• Ne surchargez pas le pinceau de couleur, afin d'éviter les bavures et les taches.

Les bleuets stylisés de Limoges

Pour apprendre à peindre avec bonne humeur et précision, prenez comme modèle les décorations de bleuets stylisés, typiques de nombreuses manufactures européennes de la fin du XVIIIe siècle (Limoges, Niderviller, Nyon, Paris, Sèvres).
Ce sont des motifs simples, jolis et raffinés, qui vous permettront d'obtenir tout de suite de bons résultats décoratifs.
Le pétale des bleuets de la tradition classique s'obtient avec les trois coups de pinceau que vous venez d'apprendre. Essayez de faire converger les trois coups de pinceau vers le même point.

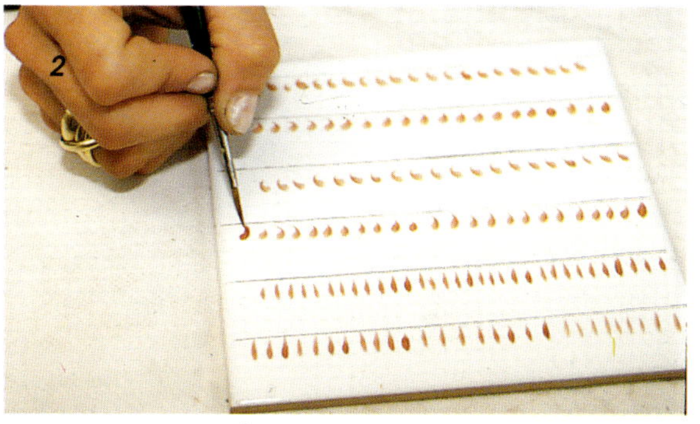

Pour apprendre le coup de pinceau, on trace au crayon une série de lignes à distance régulière, comme si l'on dessinait les lignes d'un cahier (1) ; on remplit la « page » de coups de pinceau droits et courbés (2). Pour terminer, on crée des guirlandes, en utilisant les trois types de coups de pinceau appris (3)

Un sucrier décoré avec des bleuets stylisés

Commencez par le point d'exclamation et formez sur les côtés, un peu plus bas, les deux points d'interrogation : vous avez votre pétale ! Généralement les bleuets vus d'en haut montraient cinq pétales, tandis que ceux qui étaient représentés de profil n'avaient que trois pétales plus le calice.

Après avoir nettoyé le blanc avec l'alcool, dessinez quelques bleuets en suivant le modèle. Mélangez, ensuite, un peu de vert clair et du bleu. Puis, avec un pinceau n° 0, prenez le vert. Avec la pointe, peignez des calices comme s'il s'agissait de gros points. À partir des calices, dessinez une ligne fine qui représentera la tige. Ajoutez à droite et à gauche les coups de pinceau arrondis : ce seront les feuilles.

Pour les pistils et les étamines, tracez au pinceau des fils pourpres entre les pétales.

Lorsque la couleur sera sèche, retou-

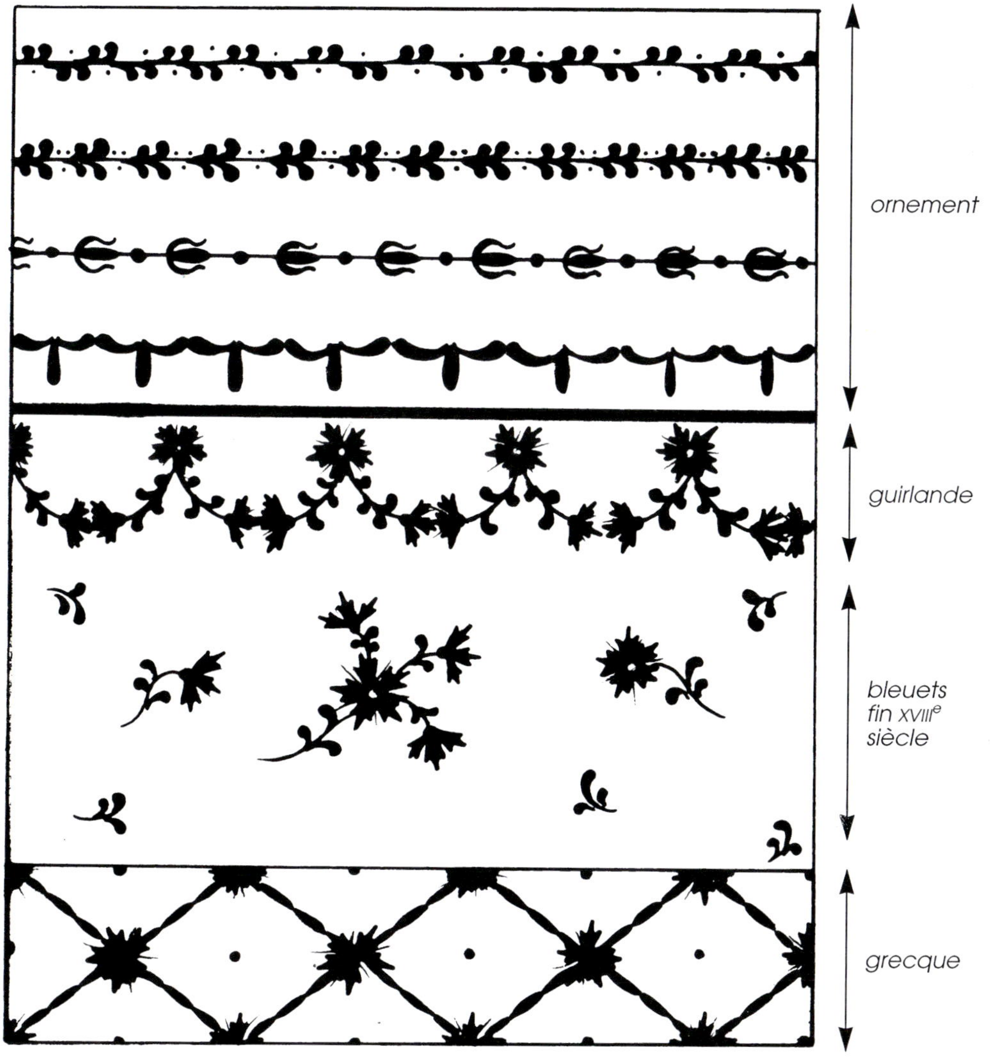

Motifs décoratifs pour apprendre le coup de pinceau

chez les verts avec une teinte plus foncée (vert foncé). Gardez la couleur plutôt fluide et ombrez seulement le côté gauche du calice, de la tige et des feuilles.
Attention : retouchez une seule fois sur la couleur sèche avec le pinceau.
N'ayez pas peur d'effacer vos résultats si vous n'êtes pas satisfait. Soyez exigeant avec vous-même : recommencez votre sujet (ou une partie de celui-ci) jusqu'à obtenir ce que vous désirez.
Traditionnellement, ce type de décoration était accompagné par des finitions en or. Petites fleurs, feuilles, guirlandes. Les bords présentaient des ornementations de filets en or ou décorées avec des grecques.
Lisez le chapitre sur l'utilisation de l'or et essayez-vous !

La technique du tamponnage

Les fonds colorés sont appelés en jargon tamponnages. Autrefois, on utilisait pour leur réalisation des pinceaux drus, coupés en biseau. Il en existe encore dans le commerce, mais ils sont coûteux et difficiles à utiliser. Aujourd'hui, on préfère l'éponge synthétique, plus économique et facile à utiliser.

Matériel

• Un pinceau assez gros, de préférence plat, qui ne perd pas de poil (les pinceaux synthétiques sont, sous cet aspect, les meilleurs).

• Palette de verre, spatule, essence grasse, essence de lavande.

• Des morceaux d'éponge synthétique. La taille de ces morceaux varie suivant la dimension de l'objet que l'on veut tamponner. Choisissez une éponge à grain fin, ni trop souple, ni trop dure.

Préparation

• Mélangez une quantité de couleur – proportionnellement à la largeur de la surface à tamponner – avec de l'essence grasse et de la lavande. Ne forcez pas trop sur l'essence grasse, sinon le fond sera collant et non homogène. Sachez également doser la lavande, pour ne pas faire couler la couleur.

• Prenez l'éponge (que vous aurez gardée à l'abri de la poussière) et humectez-la dans la petite dose de couleur que vous avez étalée dans un coin de la palette.

• Nettoyez bien avec l'alcool la partie blanche à décorer. Étalez la couleur à l'aide du pinceau, rapidement et uniformément. Tamponnez ensuite avec l'éponge.

Exécution

• Tapez rapidement l'éponge sur toute la surface de l'objet pour éliminer les traces du pinceau ainsi que les bandes de couleurs.

• Retouchez toute la surface, en tamponnant légèrement et doucement pour enlever les empreintes du grain de l'éponge. Le fond doit apparaître parfaitement homogène, lisse et sans impuretés.

Après avoir dilué la couleur avec l'essence de lavande, on étale un peu de couleur sur la palette en verre (1) et on humecte l'éponge (2). On étale ensuite la couleur sur le blanc avec un pinceau plat (3). On tamponne et on uniformise la couleur avec l'éponge, rapidement, sans la laisser sécher (4)

1

2

3

4

Quelques conseils

• En tamponnant, évitez le plus possible les poussières atmosphériques. Ne portez pas de pulls en laine : la poussière et les poils ont tendance à se déposer sur la couleur, où ils restent même après la cuisson.

• Préparez une quantité abondante de couleur. Il vaut mieux ne pas risquer de manquer de couleur avant d'avoir terminé le travail.

• Lorsque vous mélangez plusieurs couleurs et que vous devez tamponner plusieurs objets (par exemple, un service de tasses) avec la même tonalité, préparez dès le début toute la couleur nécessaire avec l'essence grasse, et mettez-la de côté. Vous la diluerez ensuite, pour chaque pièce, avec la lavande.

• Certaines couleurs sont plus difficiles à tamponner de façon homogène (les bleus et certaines tonalités de rose, les violets et certaines tonalités de vert). Commencez par les plus faciles !

• Ne retouchez jamais le fond après l'avoir tamponné : la couleur partirait en laissant une tache. Si, par inadvertance, vous heurtez le tamponnage encore humide, en lui enlevant son homogénéité, n'essayez pas de le réparer ; refaites-le.

Le tamponnage nuancé

• Étalez la couleur avec le pinceau, en atténuant son intensité jusqu'au blanc. Tamponnez du clair au foncé, éliminant, de temps à autre, l'excès de couleur de l'éponge, en la pressant contre un chiffon non laineux.

• Si vous utilisez plusieurs couleurs (par exemple, un ciel bleu foncé, bleu clair et jaune clair), étalez-les séparément sur la surface, en laissant du blanc entre une bande et l'autre (ne faites pas de bandes trop régulières). Changez d'éponge à chaque fois que vous tamponnez une couleur. Rendez uniforme le fond en tamponnant, avec la même éponge, de la tonalité la plus claire à la tonalité la plus foncée.

Pour obtenir un tamponnage nuancé, on tamponne deux tons de la même couleur

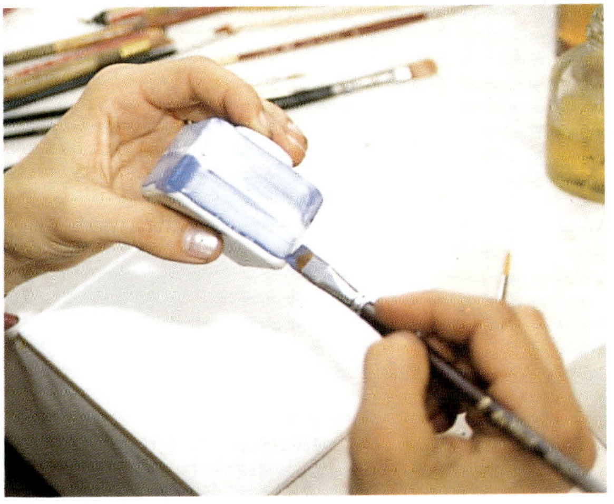

On applique les couleurs par bandes irrégulières et un peu éloignées (1). On tamponne les deux bandes séparément, puis on les uniformise, en allant de la plus claire à la plus foncée (2) ; voici le résultat (3)

• Si vous voulez un fond tacheté (par exemple un sous-bois) n'étalez pas la couleur sur l'objet avec le pinceau. Préparez plusieurs couleurs et humectez une éponge. Puis, tamponnez-les directement sur la surface. Vous pouvez également les superposer, mais n'exagérez pas avec l'épaisseur (ils pourraient « sauter » à la cuisson).
Pour obtenir un effet encore plus maculé utilisez une éponge naturelle.

Une peinture réalisée sur un tamponnage nuancé

Deux assiettes ornementales modernes avec la technique du tamponnage nuancé

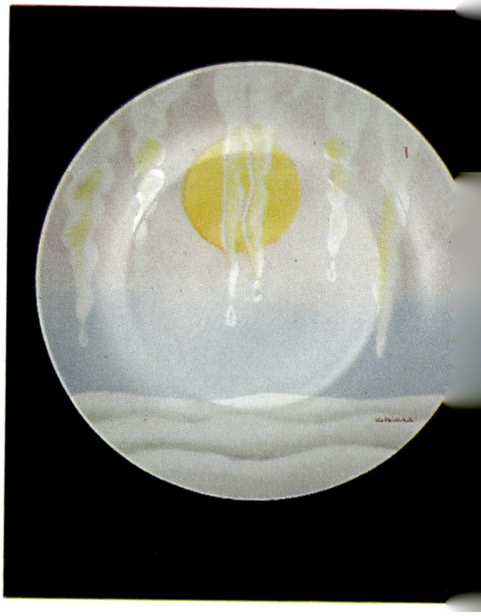

L'emploi de la laque

Sur un fond, on peut insérer des décorations de toute sorte : paysage, médaillon, bouquets, oiseaux, guirlandes. La laque est un vernis spécial qui s'étale au pinceau sur le motif ornemental que l'on veut protéger du tamponnage. Son épaisseur doit être homogène, afin de former une pellicule facilement amovible, laissant paraître le dessin dans sa couleur originelle, après avoir tamponné le fond. Avant d'étaler au pinceau la couleur à tamponner, assurez-vous que la laque soit sèche et retirez la pellicule avec des petites pinces (veillez à ne pas toucher le fond coloré) avant que le tamponnage ne sèche complètement. Si la laque sèche, il sera plus difficile de l'enlever. Si, après avoir enlevé la pellicule, un peu de rose est resté sur le blanc, nettoyez-le avec la pointe d'un chiffon humecté d'eau.
Mettez de côté de vieux pinceaux que vous utiliserez seulement pour la laque. Une fois le travail terminé, lavez-les avec de l'eau.

La photo (anticipation d'une séquence que l'on étudiera à partir de la page 77) montre des pinces qui, sur le tamponnage encore humide, soulèvent sans difficulté la pellicule de laque. Veillez à ne pas heurter le fond coloré

L'ornementation de filets

Le tour de potier est l'instrument indispensable pour orner de filets des objets ronds. Il en existe deux types : le tour de potier de table et le tour de potier à pied, à hauteur réglable. Le plateau est en cercles concentriques pour centrer la pièce à orner.
Lorsque le diamètre de l'objet est supérieur à celui du plateau, vérifiez qu'il est centré en tenant un doigt immobile sur le bord : faites tourner le tour de potier et contrôlez que la pièce se trouve toujours à la même distance de votre doigt.
Asseyez-vous face au tour posé à côté de la table de travail. Appuyez sur la table le bras et la main qui tient le pinceau. Avec l'autre main, faites tourner le plateau du tour dans le sens contraire aux aiguilles d'une montre.
La couleur, mélangée avec de l'essence grasse, ne doit être ni excessivement fluide, ni excessivement dense. Le pinceau en poil de petit-gris, coupé en biseau, imbibé de couleur, touche délicatement le point à orner. L'épaisseur du filet est déterminée par la pression exercée sur le pinceau.

Si le tour de potier est plus petit que l'objet, on le fait tourner en tenant un doigt sur le bord de celui-ci, pour pouvoir vérifier qu'il dépasse de façon uniforme

La main est fermement appuyée contre la table (1) ; l'objet sur lequel on exécute les filets se trouve sur un plan un peu plus bas (2, 3)

1

2

3

L'utilisation de l'or

L'or a été largement utilisé dans la décoration de la porcelaine classique, non seulement pour ennoblir les objets, mais aussi pour les rendre plus rares et originaux.
On sait que la porcelaine elle-même était considérée comme précieuse au même titre que l'or, et qu'on la trouvait principalement dans les cours. La décoration à la main effectuée par des peintres habiles, et l'utilisation de l'or, rendaient l'objet unique et particulièrement convoité.
Les dernières tendances décoratives font un large usage de ce métal : avec quelques lignes abstraites, construites sur le contraste de l'or brillant et de l'or mat, et avec les reliefs sertis de perles et de pierres, on crée des petits objets précieux très originaux.
Dans les magasins spécialisés, on peut acheter plusieurs types d'or. La différence est donnée par le pourcentage de métal (qui en détermine aussi le prix) et par la consistance. L'or en poudre, par exemple, contient un pourcentage élevé de métal précieux (jusqu'à 80 %) mais il est très cher. Les ors liquides (brillant et mat) sont plus abordables (même s'ils restent toujours assez coûteux) et offrent un excellent effet décoratif.

Or brillant et or mat

• L'**or brillant** (entre 8 % et 12 % de métal précieux) présente un aspect liquide, un peu visqueux, brun-jaune. Étalé sur la porcelaine, il est transparent. Après la cuisson, il a une tonalité très luisante et brillante. À notre avis, il est un peu tape-à-l'œil. Il peut, en revanche, servir pour des juxtapositions d'effet avec l'or mat.

• L'**or mat** (de 18 % à 35 % de métal précieux) a remplacé presque complètement l'or en poudre. Avant la cuisson il est brun foncé, presque noir, plutôt dense. Il est très important, avant de l'utiliser, d'agiter longuement son emballage. Les particules d'or tendent, en effet, à se déposer au fond. Étalé sur le blanc, il prend un aspect plutôt brillant et non transparent. Il sort du four opaque, mais, une fois frotté, il acquiert le raffinement et la brillance de l'ancien.

L'or liquide, préparé pour être utilisé comme il se présente, est très facile à étaler, car il n'a pas besoin d'être nuancé ; au contraire il faut le passer en couche épaisse, homogène et continue. Il doit rester brun foncé, presque noir.

1

2

Lorsqu'on l'étale, l'or mat est brun foncé, presque noir (1 et 2). Il prendra sa couleur caractéristique après la cuisson et le cirage (3)

3

Si, en revanche, il est rougeâtre, cela signifie qu'il n'a pas été bien agité avant l'usage ou qu'il a été allongé avec du diluant. Soyez vigilant car après la cuisson il pourrait donner un effet peu brillant et très décevant. Ne le diluez pas ! Le diluant pour l'or sert, ajouté en petites quantités, pour les ornementations en filets ou pour rendre plus mou un reste auquel on ajoute de l'or frais. Il sert surtout à nettoyer les pinceaux, les spatules et les palettes.

Après avoir recopié le dessin, on étale l'ébauche, qui sera ensuite retouchée pour créer les clairs-obscurs, en commençant par les feuilles pour finir avec les fleurs

La rose

Avant de peindre une rose dans un bouquet, il sera utile de vous entraîner un peu. Définissez les zone de lumière et d'ombre. Commencez par peindre le milieu par des touches tracées en arc, qui simulent de toute évidence une superposition de pétales. Ajoutez une touche de rose au centre, de manière à créer une impression de profondeur. Ne colorez pas pour le moment la partie autour du cœur et colorez les pétales ouverts de l'extérieur. Pour la direction et le mouvement des coups de pin-

direction des coups de pinceau

clair-obscur

Phases de la peinture de la rose selon le procédé classique. On commence par le milieu et on peint les pétales externes (1), puis on finit par les pétales qui entourent le centre (2)

1

2

Une assiette ornementale décorée avec des roses peut se révéler un bon modèle

ceau suivez le modèle. Peignez maintenant les pétales autour du centre : avec le pinceau, prenez une petite quantité de couleur et étalez-la en demi-cercle dans le sens contraire aux aiguilles d'une montre ; vous foncerez les zones d'ombre ensuite, au moment de la retouche.

La marguerite

La marguerite au milieu de notre bouquet est grise. Commencez par les pétales les plus extérieurs en mélangeant le gris clair à une tonalité plus foncée dans la zone d'ombre (vous pouvez ajouter une pointe de jaune). Les pétales superposés aux autres doivent rester blancs pour pouvoir ressortir. Dirigez toujours le pinceau du bord vers le centre.
Ébauchez maintenant le milieu avec le jaune clair et entourez-le d'une petite couronne de points jaune foncé.
Après la cuisson, ou quand la peinture aura séché, retouchez avec le gris clair la partie en ombre des pétales, soulignez les zones de superposition des pétales et les reflets de lumière. En suivant le modèle, foncez le centre avec du brun-jaune et du brun foncé.
Mettez votre pièce dans le four (800 °C). Lorsque vous la sortirez du four, vous aurez l'impression que ses couleurs sont plates et délavées. La composition manquera de profondeur. Elle a en effet besoin d'être retouchée. Lorsque vous aurez acquis assez de technique, vous n'aurez plus besoin de faire cuire la décoration avant de la retoucher. Il suffira d'attendre qu'elle ait complètement séché pour pouvoir la retoucher d'une main légère et experte.

• Pour la **retouche**, préparez les tonalités les plus foncées des couleurs que vous avez utilisées pour l'ébauche. Pour retoucher les feuilles, utilisez le vert foncé, en y ajoutant une pointe de noir. Mélangez aussi du brun foncé pour les feuilles, pour les tiges et pour les milieux. Le brun-jaune sert à ombrer les jaunes ; le violet fonce les roses.
Avec une couleur assez allongée, ombrez, là où il faut, les zones des feuilles, des fleurs, des tiges, des branches ; retouchez les milieux.
Observez la peinture : il manque peut-être quelques petites touches foncées (feuilles du fond, superposition des pétales, revers), indispensables pour créer l'effet de profondeur. Ajoutez-les et évaluez le résultat. N'hésitez pas à effacer et à recommencer. N'oubliez jamais que l'expérience est le meilleur guide.
Mettez à nouveau votre pièce au four (650-700 °C). Si vous n'êtes toujours pas satisfait, retouchez encore et remettez au four à une température inférieure à la précédente.

Deux procédés pour peindre des fleurs sur tamponnage

J'ai choisi comme sujet une porcelaine très fine avec un bouquet de myosotis en relief qui servira de cadre pour la composition florale formée d'une fleur principale. Ce sera le motif conducteur pour un service à thé très raffiné, car sur chaque tasse la couleur du tamponnage et la fleur centrale changent. Le dessin du motif floral reste au contraire pareil dans ses lignes principales, comme une prolongation du relief du blanc.

Vous pouvez programmer le travail selon deux procédés différents : le premier prévoit une cuisson en moins, mais un dessin en plus ; le deuxième, un dessin en moins, mais une cuisson en plus.

Nous les examinerons ensemble et vous choisirez celui qui convient le mieux.

Premier procédé

– dessin
– laque
– tamponnage
– première cuisson (facultative)
– ébauche
– deuxième cuisson
– or
– troisième cuisson

Une tasse de thé de porcelaine blanche avec le décor en relief

• **Dessin.** Exécutez à main levée le dessin sur l'objet (après avoir éliminé les poussières avec l'alcool). Vérifiez qu'il s'harmonise avec la forme du blanc. Le cas échéant, modifiez certaines parties. Essayez de tracer des lignes au crayon assez souples et pas trop marquées : vous éviterez ainsi de salir la couleur.

• **Laque.** Procurez-vous un vieux pinceau avec un semblant de pointe que vous utiliserez pour ce vernis, de l'eau et un chiffon. Étalez une couche homogène sur tout le dessin et sur l'anse de la tasse. Laissez sécher.

Le dessin a pour point de départ les petites fleurs en relief sur la céramique ; elles vont déterminer la couleur et le dessin du motif central

Tamponnage. Préparez la palette, la spatule, le pinceau pour étaler le fond, et l'éponge pour le tamponner. Choisissez une couleur que vous aimez et mélangez-la avec l'essence grasse et l'essence de lavande.
Vérifiez qu'il n'y ait pas de poussière sur le blanc. Assouplissez le pinceau avec la térébenthine. Passez avec le pinceau un peu de couleur sur la palette et tapotez-le avec l'éponge pour qu'elle en absorbe une petite quantité. Étalez la couleur avec le pinceau sur l'objet.
Tamponnez rapidement toute la surface, en retouchant partout jusqu'à obtenir une parfaite homogénéité. Après avoir terminé le tamponnage de la soucoupe, commencez immédiatement celui de la tasse. Vérifiez que les deux pièces prennent la même tonalité de couleur. Laissez sécher.
Avant que le fond ne sèche complètement, enlevez la laque en faisant très attention.

Après avoir tracé le motif ornemental au crayon, on étale la laque de façon uniforme

• **Première cuisson (facultative).** Si vous hésitez à manier l'objet tamponné, mais pas cuit, si vous craignez de le tacher ou de l'abîmer pendant les phases suivantes de l'exécution, soumettez-le à une première cuisson.

• **Ébauche.** Évidemment, avec la laque et la cuisson le dessin disparaîtra com-

plètement. Vous devrez donc le refaire. C'est le seul point désagréable du premier procédé, car, si par exemple, vous n'avez pas de modèle, il vous sera difficile de vous y retrouver face à tous les « trous » blancs. C'est pourquoi, je vous conseille de faire un croquis de votre dessin, auquel vous aurez maintenant recours.
Préparez, à présent, les verts. Considérant la provenance de la lumière, ébauchez d'abord les tonalités claires et ensuite les tonalités foncées.
Observez aussi la couleur du fond : s'il est très clair (gris pâle), il fera ressortir les tonalités foncées ; s'il est foncé, le contraste avec les tonalités claires fera sûrement effet. N'oubliez pas les tiges et les branches en brun.
Disposez sur la palette le bleu clair, les roses et les jaunes pour les myosotis ; ébauchez, enfin, la fleur principale.
Ceux qui sont déjà assez adroits peuvent faire les retouches directement sur l'ébauche sèche. Si, en revanche, vous craignez de ne pas pouvoir corriger aisément certaines erreurs, vous devez effectuer une nouvelle cuisson après l'ébauche.

• **Retouche.** Reprenez les verts : foncez-les dans les zones d'ombre et exaltez-en certaines nervures ; soulignez les tiges et les branches. Ombrez les petites fleurs avec un bleu un peu plus foncé. Égayez les milieux avec une touche de brun-jaune et un point brun foncé. Donnez de la profondeur à la fleur principale. Avant de cuire l'objet, passez la première couche d'or sur le bord, sur l'anse de la tasse et sur le bord de la soucoupe.

Après avoir tamponné avec le jaune, et avoir retiré le vernis de protection, on découvre le dessin sur lequel a été étalée la laque, qui est resté blanc.

Après avoir redessiné le motif de la décoration, étalé l'ébauche et terminé les retouches, et avant la deuxième cuisson, on passe une couche d'or brillant de base

• **Deuxième cuisson.**

• **Or.** Centrez la soucoupe sur le tour de potier. Agitez longuement le flacon d'or avant d'en prélever une petite quantité. Déposez-la sur une palette lisse. Assouplissez, avec le diluant, le petit pinceau en poil de petit-gris, coupé

en biseau, pour tracer le filet central de la soucoupe.
D'une main ferme et avec la pointe du pinceau, tracez le cercle.
Changez de pinceau en sifflet. Prenez-en un plus grand pour les bords de la soucoupe et de la tasse. Avant d'exécuter l'ornementation à filets de la tasse, couvrez à nouveau l'anse avec l'or (de type mat) à l'aide d'un pinceau à poil long et à pointe plate.
Centrez également la tasse sur le tour de potier et exécutez l'ornementation à filets du bord.

• **Troisième cuisson.** Après avoir retiré l'objet du four, il ne vous reste qu'à cirer l'or et à évaluer le résultat.

Une des tasses du service à thé, le travail terminé

Deuxième procédé

– dessin
– ébauche
– retouche
– première cuisson
– laque
– tamponnage
– deuxième cuisson
– or
– troisième cuisson

Ce procédé diffère du premier en ce que le dessin est esquissé seulement au début, l'ébauche et les retouches sont exécutés sur le blanc et la laque sert à protéger le ramage déjà peint, avant le tamponnage. Cependant, la première cuisson n'est plus facultative, mais obligatoire, car l'or ne peut pas être étalé sur un fond coloré non cuit.

La peinture des paysages

Dans la tradition picturale occidentale, les peintures des paysages sont généralement entourées de cadres dorés posés sur des fonds colorés. Il s'agit donc de décorations raffinées qui demandent des temps d'exécution assez longs, adaptées surtout aux objets décoratifs (assiettes suspendues au mur, boîtes, broches, vases, etc.). Les sujets classiques s'inspirent de la peinture et des estampes du XVIIIe siècle (Teniers, Watteau, Boucher) et reproduisent des scènes bucoliques et galantes, d'anciennes ruines, des ports, des châteaux, des palais, des parcs, des marines et des marchés. Sans prétendre réussir à reproduire des miniatures et des sujets si raffinés, essayez d'apprendre la technique en commençant par un paysage simple, qui peut aussi être le fruit de votre imagination.

On peut réaliser le paysage en polychromie ou en camaïeu (monochromie). Ce qui compte, c'est de réussir à donner l'impression de profondeur et d'espace, ce qui peut être obtenu en dégradant les tonalités. Le paysage au loin est pâle et flou ; le paysage en arrière-plan est plus précis et mis en évidence, mais seul le paysage au premier plan est riche de détails et vif dans les couleurs.

Paysage polychrome inséré sur fond violet

• Nettoyez le blanc et tracez avec le crayon les contours du paysage (médaillon, ovale, rectangle, etc.). Si vous voulez insérer le décor sur un fond coloré, protégez avec la laque le bord intérieur qui délimite le paysage et tamponnez le reste de l'objet.

• Après la cuisson du tamponnage, dessinez soigneusement le paysage et préparez les couleurs pour les sujets au loin (le ciel, les collines et les arbres). Créez le ciel avec un tamponnage nuancé et

formez les nuages en enlevant des parties du ciel avec le pinceau propre.
Les collines sont claires et délavées ; le feuillage des arbres s'obtient en passant des petits coups de pinceau rapprochés qui simulent des feuilles au loin. Dans les rivières se reflètent les arbres et les buissons, tandis qu'en arrière-plan s'élèvent les constructions architecturales.

• Dans les éléments du premier plan tout est en évidence, aussi bien pour les détails que pour les couleurs. Les roches ont du relief, les arbres et les plantes sont plastiques. Un enclos, une grille, un mur apportent une impression de profondeur et créent une séparation entre le premier plan et l'arrière-plan.

• Lorsque la couleur aura séché, ou après une première cuisson, commencez les retouches, surtout celles du premier plan. Renforcez les couleurs et faites ressortir les détails. Essayez de respecter la perspective et le volume réel des différents éléments du paysage.

Le camaïeu

La technique du camaïeu (littéralement clair-obscur) prévoit l'usage d'une seule couleur, généralement la couleur pourpre. Le procédé prévoit l'ébauche avec une tonalité claire et une moyenne. Les retouches sont exécutées en utilisant une tonalité moyenne et une foncée. Les sujets peuvent varier. On privilégie néanmoins les paysages.

Un camaïeu couleur pourpre

La peinture des oiseaux en style Sèvres

Ce type de décoration, typique de la production de Vincennes-Sèvres, naquit du privilège octroyé à la manufacture royale d'être la seule dans toute la France à pouvoir utiliser l'or. Les artistes de Sèvres profitèrent largement de cette exclusivité, créant de superbes fonds colorés sur lesquels se déployaient d'inoubliables broderies d'or. Encadrés et rendus précieux par toute cette splendeur, les oiseaux, les paysages et les fleurs acquirent une richesse inégalable et encore de nos jours imitée.

Les oiseaux, pas toujours réalistes, étaient caractérisés par la richesse des

Une soupière de porcelaine tendre de la manufacture de Vincennes-Sèvres, décorée avec le motif « à œil de perdrix »

Une magnifique assiette de la manufacture de Sèvres au fond turquoise, peinte par le célèbre peintre Falot vers la moitié du XVIIIe siècle

couleurs et des détails. Les protagonistes de la scène étaient insérés dans un paysage bucolique composé de deux plans : celui du loin, extrêmement flou, dans des tonalités vert bleuâtre ; le plan rapproché, descriptif, caractérisé par la présence, sur un terrain accidenté, de roches, d'arbres, de plantes, de fleurs, d'herbe et de branches.

Exécution

• Choisissez un objet, nettoyez-le avec de l'alcool et délimitez au crayon le médaillon dans lequel vous voulez insérer le motif. Étalez la laque pour protéger la zone à décorer et tamponnez le reste de l'objet. Mettez dans le four (800 °C).

• Recopiez le dessin du modèle sur le médaillon. Comme pour le paysage, étalez le fond et les plans éloignés (ciel pâle, collines et plantes éventuelles).

Pour peindre des oiseaux réalistes, il faut bien observer leurs caractéristiques et leur habitat

• Peignez maintenant les éléments du paysage au premier plan (terrain, arbre, plantes, herbe, etc.), et pour finir ébauchez l'oiseau. Commencez par tracer le bec et l'œil avec un petit pinceau pointu. Continuez en ébauchant la tête, le ventre et la queue ; pour finir les ailes et les pattes. Soyez fidèle au modèle : observez-le à fond, avant de commencer la peinture. Observez la disposition des plumes sur les ailes, la lumière des yeux, le plumage du ventre. Pendant l'ébauche, pour le plumage, utilisez des tonalités claires et nuancées.

Oiseaux dans un paysage hivernal

• Pendant les retouches, foncez les détails. Avec le grattoir en bois, révélez la structure blanche des plumes en évidence sur les ailes et sur la queue. Si cela peut vous aider, utilisez la plume en acier. Faites ressortir les plumes de l'abdomen ; à petites touches de pinceau, foncez les zones d'ombre.

Les décorations avec les fruits

La céramique s'adapte particulièrement aux décorations avec les fruits. Assiettes, pichets, bols, et carreaux en céramique, décorés avec des pommes, des pêches, du cassis et des cerises, seront du plus bel effet dans des intérieurs rustiques et dans des maisons de campagne.

• La méthode la plus facile pour réaliser des décorations de fruits est de commencer par le contour des bords avec la plume en acier, et d'étaler ensuite la couleur uniformément. Si vous préférez les décors moins stylisés, procédez à la coloration au pinceau, en essayant d'obtenir les mêmes nuances que sur votre modèle.

• Un autre procédé consiste à tamponner de façon nuancée aussi bien les fruits que les

Oranges nuancées en tamponnage jaune-rouge. Avant de juxtaposer ces deux teintes, vérifiez la palette sur laquelle vous avez fait cuire les tests de superposition des couleurs

feuilles. Au moment des retouches, on crée l'impression de profondeur en soulignant les ombres au moyen du tamponnage. Enfin, avec la pointe du pinceau ou avec la plume en acier, on met en relief les détails (écorce, pétiole, branche, nervures) avec des tons plus foncés.

Pour de nombreux fruits (pomme, pêche, abricot, etc.), il faut nuancer les couleurs jaune et rouge. Il est donc très important de se constituer une palette de superpositions de couleur pour vérifier que les jaunes et les rouges associés ne disparaissent pas au moment de la cuisson. Lorsque vous nuancez du rouge au jaune, étalez d'abord au pinceau les deux couleurs l'une à côté de l'autre sans les faire se toucher ; tamponnez ensuite du clair au foncé et du jaune au rouge.

La peinture orientale

La peinture orientale est caractérisée non seulement par des sujets divers suivant les zones géographiques de provenance, mais aussi par une très forte polychromie et par un graphisme ornemental. Dans les compositions, il est très rare que les éléments se superposent et la plastique est à peine ébauchée.
Les peintures d'Extrême-Orient abondent d'images de branches fleuries, de bambous, de pivoines, de camélias, de chrysanthèmes, de grenadiers, d'oiseaux, de poissons, de scènes de vie quotidienne, de paysages et de dragons.
Les peintures indiennes se distinguent par la profusion d'ornements, des contrastes vifs de couleur et des décorations en or. Les sujets sont le plus souvent liés au symbolisme religieux (fleur de lotus, animaux sacrés, formules de prière qui ressemblent à des broderies, divinités).
En Europe, les décorations orientales furent longtemps imitées, ce qui témoigne de la haute considération dont elles jouissaient.

Un camaïeu d'inspiration indienne

Je vous propose un sujet simple à exécuter. Il représente un oiseau et des fleurs stylisées et il est réalisé en camaïeu vert.

• Recopiez le modèle sur l'objet propre. Préparez un vert plutôt foncé, auquel vous ajouterez une pointe de noir, pour tracer les contours du dessin à la plume en acier (avec une goutte d'essence d'œillet). Procédez à la cuisson (800 °C environ).

• Peignez, au pinceau et de façon nuancée, l'intérieur du dessin avec le même vert que vous avez utilisé pour le contour. Gardez des tonalités claires.

• Lorsque l'ébauche aura séché, foncez certaines parties (comme sur le modèle)

Récipient peint avec un décor d'inspiration indienne

avec le même vert mélangé à une pointe de noir. Soulignez les ovales foncés.

Les bambous chinois

Voici un sujet d'inspiration chinoise où, sur un fond rouge foncé (de type laqué), se détachent des bambous vert et or. Simple à réaliser, c'est une décoration à effet sûr.

• Dessinez le bambou sur l'objet choisi, en vous inspirant du modèle. Étalez dessus la laque et tamponnez en rouge Meissen. Enlevez la laque et laissez sécher le fond.

Après avoir étalé la laque sur le dessin, et lorsqu'elle a séché, étalez la couleur avec le pinceau plat

On tamponne rapidement la couleur avec l'éponge synthétique pour la rendre uniforme

Sur le tamponnage encore humide, on retire la laque avec des pinces

Après avoir retiré la laque, apparaît le dessin des bambous qu'il faudra peindre en vert

• Si vous vous en sentez capable, procédez à l'ébauche des verts, sans faire cuire avant l'objet et en veillant à ne pas tacher le fond. Retouchez et faites cuire.

• Dessinez sur fond coloré la partie à peindre en or.
Étalez l'or, en couche très homogène. Faites cuire à une température inférieure à la précédente.

L'ébauche et les retouches avec différentes tonalités de vert peuvent être réalisées avant la cuisson, si l'on est sûr de ne pas tacher le fond

Après la cuisson, on dessine les bambous à peindre en or

Après une nouvelle cuisson, on procède au cirage des parties en or qui conférera à la peinture un bel effet décoratif

Les carpes japonaises

Le sujet est repris d'après un panneau peint par Kubota Tosui, en 1902. La réalisation n'est pas des plus simples, mais le résultat en vaut le travail.

Le motif de la carpe revient souvent dans les peintures japonaises. Les orientaux ont, en effet, une prédilection particulière pour ce poisson d'eau douce

• Recopiez le dessin sur la porcelaine. Étalez la laque sur les silhouettes des poissons. Préparez les couleurs pour le tamponnage nuancé (bleu pastel et diamant) qui doit donner la sensation de l'eau. Tamponnez.

• Avec la pointe du pinceau sec, formez les algues à partir du tamponnage encore humide. En enlevant la couleur du fond, créez l'effet de la végétation aquatique. Celle-ci restera un peu floue (les contours ne sont pas nets et les couleurs ne sont pas définies). Ajoutez quelques touches de diamant dans le blanc des algues.

• Lorsque le fond coloré est bien sec, ébauchez les carpes. Préparez les couleurs (gris tourterelle, bleu pastel, noir) et étalez-les délicatement au pinceau. Nuancez.

• Les couleurs une fois sèches, ou après une éventuelle cuisson, retouchez les carpes. Avec la plume en acier et le noir, soulignez les détails (museau, yeux, branchies, écailles). Avec la pointe du pinceau, mettez en évidence la structure des nageoires et ombrez les zones foncées. Faites cuire.

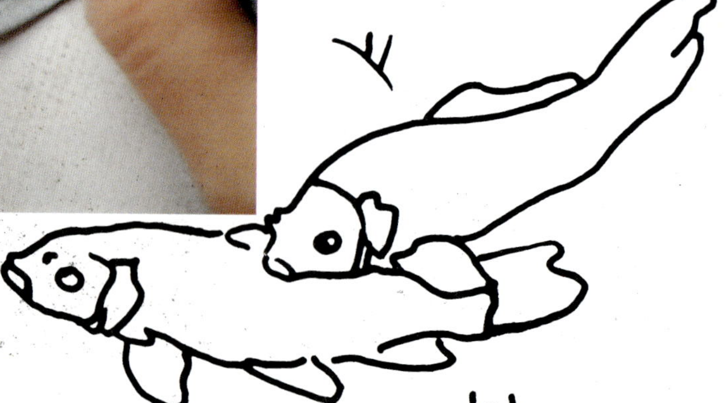

Le style Kellinghusen

Kellinghusen est une localité du Schleswig-Holstein, en Allemagne, au sud du Danemark, où, à la fin du siècle dernier, existaient des manufactures de faïence. Les lignes courbes, étalées au pinceau par grandes touches, se prêtent bien à être copiées et réadaptées. Les couleurs des créations classiques (jaune, bleu, vert, orange et violet) peuvent être remplacées par des couleurs qui s'adaptent mieux aux intérieurs modernes. La technique est particulièrement intéressante : de grandes touches nuancées, des petites retouches, des ornementations en filets sur des objets en céramique aux tonalités ivoire, ou sur des tessons en terre cuite, sont idéales pour ces motifs ornementaux.

Matériel

Une assiette, des couleurs (jaune clair, jaune or, brun-jaune ; vert clair, vert foncé ; bleu outremer et bleu foncé ; rouge), des pinceaux ronds à poil long n°s 4-5 et 1 (ce dernier pour les retouches), une palette, des spatules, de l'essence grasse et de la térébenthine.
Pour les filets : tour de potier, deux pinceaux en biseau, un petit et un moyen, essence grasse, essence de térébenthine et de lavande (quelques gouttes). Si vous ne possédez pas de tour de potier, décorez les objets et faites faire les ornementations à filets, et éventuellement faites-les cuire, dans un magasin spécialisé.

Exécution

• Après avoir nettoyé l'assiette avec de l'alcool, recopiez dessus le motif central au papier calque ou à main levée, avec un crayon. Tracez les filets et divisez le bord en sections verticales et horizontales. Cette division sert à bien centrer le motif ornemental qui se développe sur le bord de l'assiette.

• Préparez les couleurs pour la composition centrale. Commencez par les verts, en procédant par grandes touches, longues et nuancées. Continuez avec les autres couleurs jusqu'à ce que vous ayez terminé l'ébauche. Peignez les deux filets intérieurs, et procédez à la peinture de la décoration sur le bord.

• Retouchez avec le pinceau n° 4 les parties à foncer. Avec la pointe du pinceau n° 1, reprenez en partie les contours des feuilles, des fleurs et des motifs sur le bord, en utilisant une tonalité plus foncée que la couleur de l'ébauche.

Style provenant de la zone de frontière entre l'Allemagne et le Danemark, le Kellinghusen est caractérisé par des teintes ocres et par les formes rondes des motifs ornementaux.
Après avoir peint le motif et les filets du milieu, on procède à la décoration du bord de l'assiette

• Avec le brun-jaune et le petit pinceau en biseau, exécutez l'ornementation en filets du bord extérieur.

• Faites cuire à 700-750 °C.

Une assiette en céramique aux tonalités ivoire est un objet qui se prête bien au décor style Kellinghusen

Assiette décorée qui s'inspire du style de la région du Schleswig-Holstein

Les techniques actuelles

Jamais le pochoir et le trompe-l'œil n'ont été aussi étudiés et utilisés que de nos jours. Ces techniques, connues jusqu'à présent presque exclusivement des professionnels, ont aujourd'hui un énorme succès auprès d'un nombre croissant d'amateurs. L'exécution du pochoir est plutôt simple, celle du trompe-l'œil un peu plus difficile, car elle demande la connaissance des couleurs et des procédés que nous venons d'illustrer.

Le pochoir[1]

D'un grand effet, le pochoir se prête surtout aux décorations de grandes surfaces planes (carreaux pour décors et pour tables, panneaux, plateaux, carrelages) et à la répétition du même sujet sur plusieurs pièces (par exemple, des chiffres sur des bonbonnières), comme sujet de décoration principal, cadre ou support ornemental d'une composition au pinceau.

1. Nous renvoyons le lecteur intéressé par ce sujet au volume *Pochoirs*, de G. Toschi, aux Éditions De Vecchi, dans cette même collection.

Matériel

• Un pochoir (à créer avec un cutter et des ciseaux dans un petit carton pas trop épais, flexible et semi-plastifié). Après avoir recopié au crayon le modèle sur le petit carton, découpez précisément la silhouette que vous voulez reproduire sur la surface de l'objet, et colorez-la de façon homogène.

• Palette, couleurs, spatules, essence grasse, essence de térébenthine et de lavande, chiffons, éponges pour tamponner.

• Ceux qui souhaitent rehausser la décoration avec des motifs au pinceau peuvent se munir de quelques pinceaux de différentes dimensions.

Exécution

• Centrez le pochoir sur l'objet et fixez-le avec du ruban adhésif.

• Préparez la couleur. Diluez-la avec de l'essence de térébenthine et quelques gouttes de lavande. Veillez à ce qu'elle ne soit pas trop liquide et ne coule pas sous le pochoir.

On centre le pochoir sur la surface à décorer

• Prenez l'éponge (synthétique ou naturelle, selon l'effet désiré) et imbibez-la directement dans un peu de couleur que vous avez déjà étalée sur la palette, avec le pinceau plat. Tamponnez sur le pochoir. Vous pouvez laisser des zones de couleur plus intense et d'autres aux teintes plus nuancées. Vous pouvez tamponner certaines parties dans une couleur, et d'autres dans un ton différent (changez toutefois l'éponge). L'important est de poser directement la couleur sur l'objet avec l'éponge, en veillant à ce que la couleur pénètre dans tous les coins (une petite éponge carrée ou rectangulaire est particulièrement adaptée).

• Après avoir enlevé le pochoir, estimez votre travail ; vous pouvez le laisser ainsi ou intervenir avec le pinceau et, choisissant parmi les techniques apprises précédemment, ajouter d'autres éléments décoratifs.

On tamponne sur le pochoir, en prenant soin que la couleur pénètre dans les coins sans couler sous le carton

L'utilisation de deux couleurs augmente l'effet décoratif

1

2

3

4

Un type de décoration au pochoir plus élaboré prévoit un fond coloré, réalisé avec le pochoir (1). Après le tamponnage (2), la finition des motifs ornementaux se fait au pinceau (3, 4)

Le trompe-l'œil

Marbres, pierres dures et précieuses, marqueteries, bois et tissus sont particulièrement adaptés à la reproduction sur porcelaine, car sa brillance se prête bien à la création d'effets picturaux qui simulent d'autres matériaux précieux.
L'association de faux marbres et de marqueterie en or rendra l'illusion encore plus complète et efficace[2].

2. Pour plus de détails sur ce sujet, nous renvoyons le lecteur au volume *Trompe-l'œil*, de M. Mariani, aux Éditions De Vecchi.

Matériel

Pour obtenir une imitation parfaite, on peut avoir recours à des matériels variés et peu orthodoxes.
Non seulement des pinceaux plats et ronds, à poil court et long, des grattoirs en bois, des plumes en acier et des éponges de toutes les formes, mais aussi des chiffons à trame fine (coton, soie) et à trame large (tricot), des peignes en carton et en caoutchouc, du carton ondulé, et tout ce qui peut vous aider à obtenir l'effet désiré.
Les autres éléments indispensables sont l'or brillant et l'or mat, les couleurs, les palettes et les spatules.

Réalisation du marbre

Il existe dans la nature différents types de marbre, aux innombrables dessins et couleurs : du blanc au vert, des taches aux rayures. Il est fondamental, pour bien réussir l'imitation, de créer des modèles précis du type de marbre que l'on veut imiter ; il faut donc les observer de près. Saisissez les éléments caractéristiques du modèle : les veinures, les brèches, les inclusions.

Observez les couleurs et les nuances, l'effet au premier plan et en perspective. Vérifiez la direction des veinures : elles sont souvent en diagonale, dirigées dans la même direction. Observez les vides et non seulement les pleins de l'original. Examinez le contraste, la force, le mouvement. Essayez de créer une tension d'ensemble. Veinures et intervalles ne doivent pas être équidistants, ni avoir les mêmes dimensions.

Le marbre noir

- Avec le crayon, tracez sur l'objet des veinures inclinées.

- Préparez le noir, le gris clair et un peu de brun-jaune.

- Avec les pinceaux plats n°s 4 et 6, étalez le noir et le gris. Les touches doivent être diagonales par rapport à la base, parallèles entre elles, mais non équidistantes.
Si le marbre sert de cadre à une composition intérieure, les veinures doivent avoir la même inclination sur les quatre côtés, comme s'il s'agissait d'une plaque dont on a découpé la partie centrale de la surface.

- Avec l'éponge, tamponnez sans uniformiser ; laissez certaines zones plus claires et d'autres plus foncées. Superposez le noir, en imbibant directement l'éponge dans la couleur et en le posant sur le fond précédent. Procédez avec rapidité. Avec la pointe fine d'un pinceau rond, à poil long, formez

Après avoir transféré et mis de côté le dessin de la composition florale, on a réalisé le fond de marbre noir que l'on a ensuite encadré en marbre rouge

les veinures et quelques taches presque blanches dans lesquelles ajouter le brun-jaune.

• Observez l'effet d'ensemble et retouchez là où il faut. Faites cuire à 780 °C.

Le marbre rouge

• Préparez le rouge capucine (rouge de fer) et le brun Pompadour. Avec ces couleurs, tracez au pinceau plat n° 6 des lignes diagonales, parallèles les unes aux autres, mais de dimensions différentes et irrégulières. Laissez des zones presque blanches.

• Avec la petite éponge, tamponnez légèrement sans uniformiser. Ajoutez un peu de violet aux endroits que vous voulez foncer.

• Avec la pointe d'un pinceau rond et fin, et, avec le grattoir en bois, créez des veinures claires. Ajoutez, enfin, des veinures foncées (noir) avec un pinceau à pointe longue et très fine.

• Faites cuire à 760 °C.

Le lapis-lazuli

Le lapis-lazuli est un minéral bleu précieux, parsemé de cristaux minuscules de pyrite jaune. Certaines variétés présentent des taches claires, d'autres des veinures qui en réduisent la valeur.

• Avec le bleu outremer et le bleu ancien, étalez des touches irrégulières et non homogènes (utilisez toujours le pinceau plat n° 6).

• Tamponnez légèrement, laissant certaines zones claires. Avec la pointe du pinceau, formez quelques veinures ; colorez-en quelques-unes en brun-jaune.

• Faites cuire à 800 °C.

• Foncez certaines zones de la surface en y superposant par tamponnage un mélange de bleu de Delft et de noir. Gardez le mouvement en diagonale du fond précédent. Ne foncez pas les veinures que vous avez déjà tracées, mais formez-en d'autres à l'aide du grattoir en bois.
Tracez d'autres veinures avec un pinceau à pointe longue et très fine imprégné de noir.

• Faites cuire à nouveau à 780 °C.

• Prenez l'or brillant, allongez une certaine quantité avec quelques petites gouttes de diluant pour or. Tamponnez directement quelques mouchetures éparses sur le fond bleu.

• Dernière cuisson à 700 °C.

Marqueteries de lapis-lazuli

• Avec le bleu outremer, le bleu victoire et le bleu ancien et à l'aide du pinceau plat n° 1, tracez de petites taches irrégulières, claires et foncées, certaines presque blanches. Avec le pinceau imbibé de brun-jaune, posez ici et là quelques taches. Tracez avec le grattoir en bois quelques petites veinures.

• Foncez à certains endroits avec le bleu foncé auquel vous aurez ajouté du noir. Faites cuire à 800 °C.

• Tamponnez avec un peu d'or brillant et faites cuire à nouveau à 700 °C.

Décor à lapis-lazuli sur une surface assez large

La malachite

La malachite est un minéral semi-précieux, de couleur vert vif, présentant des motifs circulaires incomplets, très visibles. Elle est rarement utilisée pour des compositions ornementales de grandes dimensions. Elle attire fortement le regard ; c'est pourquoi elle est spécialement indiquée pour la réalisation de détails, cadres et marqueteries. Elle produira des effets surprenants si elle est associée à des couleurs fortes et vives et à des finitions également précieuses. Associée à l'or, elle confère aux objets un ton d'opulence raffinée. L'examen attentif d'une pièce de malachite vous éclaircira sur la structure de sa composition et vous servira de référence.

• Préparez une série de verts (ombre, Dover, Meissen) et le noir. Mélangez le vert ombre avec un peu de vert Dover et le noir.

• Avec le pinceau rond à pointe, mouillé avec du vert Dover, créez quelques petites roses circulaires, partiellement superposées. Contournez certains cercles des roses avec la pointe du pinceau, en créant des lignes foncées très fines avec le mélange de vert et de noir.

• Foncez certaines parties avec un mélange de vert Meissen et de vert ombre. Foncez particulièrement le milieu de certaines petites roses et certains points d'intersection de celles-ci. Veillez à ce que l'ensemble ait un aspect irrégulier et naturel.

• Faites cuire à 760 °C.

La composition a été peinte comme s'il s'agissait d'une marqueterie avec des pièces de lapis-lazuli, malachite, marbre vert et or

Glossaire

Arcane : terme spécifique à l'alchimie, par lequel on désigne le secret de la création de la porcelaine.

Biscuit : objet en céramique déjà cuit mais sans émail. La surface est absorbante, opaque et perméable.

Blanc : nom de l'objet en céramique dépourvu de toute décoration.

Bone china : porcelaine à mélange spéciale de fabrication anglaise. Ses caractéristiques de blancheur, brillance, finesse et résistance sont dues à son fondant : le phosphate de calcium, qui est extrait de la cendre d'os hachés.

Brunissoir : outil utilisé pour cirer les métaux en les frottant.

Camaïeu : décor en clair-obscur aux différentes nuances de la même couleur. Pour cette technique on utilise généralement le monochrome rouge, le monochrome pourpre et le monochrome vert cuivre.

Céramique : terme qui désigne tous les mélanges à base d'argile et d'eau. Il s'applique couramment à la faïence et à la poterie.

Chinoiseries : décorations avec des scènes de vie exotiques, d'inspiration chinoise, créées par des peintres européens au XVIIIe siècle.

Ébauche : phase du procédé, qui suit le dessin : le décor est coloré dans ses traits essentiels.

Émail : couche supérieure vitrifiable formée par les mêmes ingrédients de base que le corps de la porcelaine, mais ayant des proportions différentes.

Essences : résines naturelles pour mélanger et diluer les couleurs en poudre.

Faïence : céramique d'argile à émail stannique, connue en Extrême-Orient et utilisée en Mésopotamie depuis le IXe siècle ap. J.-C. Elle fut introduite en Europe au XVe siècle par les Arabes, à travers l'Espagne et l'île de Majorque. En Italie, la ville de Faenza devint le centre de production le plus important. C'est pourquoi en France, où elle fut importée par des immigrés italiens, on appela ce type de céramique du nom de la ville italienne. En Italie et en Allemagne, la céramique d'argile à émail stannifère est appelée « majolique », du nom de l'île de Majorque où, depuis le XVIe siècle, on en produisait en grande quantité.

Filets : lignes de différentes épaisseurs qui encadrent un décor ou délimitent le bord d'une assiette. Les filets circulaires sont réalisés avec le tour de potier.

Fondant : substance minérale qui réduit le point de fusion du silicium dans la couleur, dans la pâte et dans l'émail.

Gratte-bosse : brunissoir en laine de verre qui sert à cirer l'or mat après la cuisson.

Grès : céramique d'argile à pâte compacte, opaque, colorée ou blanche, qui donne des objets au corps dur, non poreux, sonore. Il cuit à des températures d'environ 1 300 °C.

Kaolin : argile blanche peu plastique et très pure utilisée pour la fabrication de la porcelaine.

Laque : vernis dense. Étalée au pinceau sur une surface, elle forme une pellicule qui la protège de la couleur avant d'étaler le fond. Elle se retire facilement, lorsqu'elle est sèche.

Majolique : céramique revêtue d'émail stannifère dont le nom vient de l'île de Majorque, dans les Baléares (voir *faïence*).

Moufle : chambre en matériau réfractaire d'un four électrique.

Palette de verre : palette de verre mat sur laquelle on mélange les couleurs avec les essences.

Pointe d'agate : brunissoir en pierre dure utilisé pour cirer l'or mat.

Poncif : il permet la reproduction du même motif sur de nombreux objets. Il est formé d'une feuille de papier transparente, pour calquer, sur laquelle on dessine les contours du motif qui sont ensuite perforés avec une aiguille. En posant le poncif sur la surface de l'objet et en tamponnant le dessin perforé, avec un sachet contenant de la poudre de graphite, on obtient la trace du motif sur la céramique.

Porcelaine : étymologiquement le terme provient du portugais *porsolana*, nom de la coquille d'un mollusque (cyprée), utilisée, d'après Marco Polo, dans le « pays du Grand Khan » comme monnaie d'échange. La porcelaine lui ressemble par sa brillance et sa couleur.

Porcelaine dure : c'est la porcelaine proprement dite. Découverte en Chine autour du IXe siècle ap. J.-C., elle fut redécouverte en Allemagne (Saxe) au début du XVIIIe siècle. C'est une céramique dure, blanche et translucide, produite avec de l'argile très fine à base de kaolin, feldspath et quartz. Elle cuit à des températures très élevées (jusqu'à 1 500 °C).

Porcelaine tendre : née en Europe, à Florence, à la cour des Médicis au XVIe siècle avant la porcelaine dure, pour imiter la porcelaine orientale, elle est composée d'un mélange à base d'argile blanche, albâtre, chaux, marbre et « fritte » (poudre obtenue par la fusion d'un mélange de sable et de soude). Sa température de cuisson ne dépasse pas 1 100 °C. Ce type de porcelaine est appelée « tendre » parce qu'elle est moins résistante que la porcelaine dite « dure ».

Poterie : produit céramique composé d'argile blanche et poreuse. Il cuit à basse température (900-1 060 °C) et il est imperméabilisé avec un revêtement vitreux plombifère.

Retouche : troisième partie du travail, après le dessin et l'ébauche, où l'on donne de la profondeur et de la plasticité à la peinture. Finitions, ombrages et retouches sont compris dans cette phase du procédé.

Tamponnage : fond coloré.

Tamponner : étaler des fonds colorés homogènes ou nuancés. On utilisait traditionnellement un pinceau à pied de cerf (avec les poils coupés en biseau) ; aujourd'hui, on préfère utiliser des tampons en éponge ou en soie.

Terre cuite : produit en céramique composé d'argile contenant du fer. Il cuit à basse température (1 000-1 080 °C) et prend une couleur rougeâtre.

Tesson : terme générique indiquant toute sorte d'objet en céramique.

Table des matières

INTRODUCTION................ page 3

QU'EST-CE QUE
LA PORCELAINE ?............. » 4
De la céramique….................. » 4
… à la porcelaine.................. » 5

LE MATÉRIEL .... » 12
Les couleurs
à « troisième feu » .... » 12
Les essences et les
diluants .... » 13
Les pinceaux......................... » 15
Les palettes, spatules,
grattoirs et plumes .... » 17
Les crayons, papiers, éponges,
pinces et chiffons.................. » 18
Le matériel
pour travailler l'or .... » 18
Le plan de travail.................. » 19

LES PRÉCAUTIONS
ET LA SAUVEGARDE
DE LA SANTÉ .... » 20

LES PROCÉDÉS
DE CUISSON .... » 21
Le four .... » 21
La cuisson............................ » 22

LE CHOIX DE L'OBJET...... page 24
Le rapport objet-
environnement...................... » 24
Le choix du sujet
de décoration et le rapport
composition-objet................. » 26
Les sources d'inspiration....... » 27

LES TECHNIQUES
DE DESSIN
ET DE REPRODUCTION.... » 29

LES TECHNIQUES
CLASSIQUES...................... » 32
Le mélange des couleurs .... » 32
Les différences de
mélanges.............................. » 32
Les mélanges : possibilités
et interdits .... » 33

LA TECHNIQUE
À LA PLUME .... » 34
Quelques conseils................. » 35
Décoration en style Liberty... » 35
Décoration en style oriental... » 38

LA TECHNIQUE
DU PINCEAU .... » 40
Quelques conseils................. » 40

Les bleuets stylisés
de Limoges .... page 41

LA TECHNIQUE
DU TAMPONNAGE .... » 44
Matériel .... » 44
Préparation .... » 44
Exécution.............................. » 44
Quelques conseils .... » 46
Le tamponnage nuancé......... » 46

L'EMPLOI DE LA LAQUE . » 49

L'ORNEMENTATION
DE FILETS .... » 50

L'UTILISATION DE L'OR .. » 52
Or brillant et or mat.............. » 52
La technique au pinceau........ » 54
Quelques conseils .... » 55
Le fond en or
et l'or sur tamponnage.......... » 55
Le cirage............................... » 55

LES DÉCORATIONS
FLORALES.......................... » 56
La lumière .... » 56
Le bouquet............................ » 56
Les fleurs naturalistes........... » 57

LA PROGRAMMATION
DE LA PEINTURE :
ÉBAUCHE ET RETOUCHE.. » 59
Apprenez à peindre
un bouquet style Meissen ...... » 59

DEUX PROCÉDÉS POUR
PEINDRE DES FLEURS
SUR TAMPONNAGE .... page 63
Premier procédé.................... » 63
Deuxième procédé................ » 66

LA PEINTURE
DES PAYSAGES .... » 67
Le camaïeu .... » 68

LA PEINTURE
DES OISEAUX
EN STYLE SÈVRES .... » 69
Exécution.............................. » 71

LES DÉCORATIONS
AVEC LES FRUITS............. » 73

LA PEINTURE ORIENTALE » 75
Un camaïeu d'inspiration
indienne .... » 75
Les bambous chinois .... » 77
Les carpes japonaises .... » 80

LE STYLE
KELLINGHUSEN .... » 81
Matériel .... » 81
Exécution.............................. » 81

LES TECHNIQUES
ACTUELLES .... » 84
Le pochoir .... » 84
Le trompe-l'œil .... » 87

GLOSSAIRE........................ » 92

Achevé d'imprimer en septembre 2004
à Milan, Italie,
sur les presses de Grafiche Mazzucchelli S.p.A.

Dépôt légal : septembre 2004
Numéro d'éditeur : 8850